[德]卡特琳·米歇尔（Katrin Michel）著

王一帆 译

肚子里的来信

二宝写给哥哥姐姐的40封信

机械工业出版社

CHINA MACHINE PRESS

Original title: Bald bin ich da!: 40 Briefe für eine liebevolle Geschwisterbeziehung by Katrin Michel and illustrated by Maria Martin c/o Kombinatrotweiss.de, online: ma._mind c/o kombinatrotweiss.de
© 2021 by Kösel-Verlag
a division of Penguin Random House Verlagsgruppe GmbH, München, Germany.
This title is published by China Machine Press with license from Kösel-Verlag.This edition is authorized for sale in the Chinese mainland (excluding Hong Kong SAR, Macao SAR and Taiwan)

北京市版权局著作权合同登记　图字：01-2022-5727 号。

图书在版编目（CIP）数据

肚子里的来信：二宝写给哥哥姐姐的 40 封信 /（德）卡特琳·米歇尔（Katrin Michel）著；王一帆译 . —北京：机械工业出版社，2023.12
ISBN 978-7-111-74301-9

Ⅰ . ①肚… Ⅱ . ①卡… ②王… Ⅲ . ①家庭教育 Ⅳ . ① G78

中国国家版本馆 CIP 数据核字（2023）第 225175 号

机械工业出版社（北京市百万庄大街22号　邮政编码100037）
策划编辑：陈　伟　刘文蕾　　责任编辑：陈　伟　刘文蕾
责任校对：郑　雪　李　婷　　责任印制：任维东
北京瑞禾彩色印刷有限公司印刷
2024年3月第1版第1次印刷
145mm×210mm · 5.75印张 · 117千字
标准书号：ISBN 978-7-111-74301-9
定价：65.00元

电话服务　　　　　　　　　网络服务
客服电话：010-88361066　机 工 官 网：www.cmpbook.com
　　　　　010-88379833　机 工 官 博：weibo.com/cmp1952
　　　　　010-68326294　金 书 网：www.golden-book.com
封底无防伪标均为盗版　机工教育服务网：www.cmpedu.com

前　言

你好呀，小宝宝！

真好啊！你手捧这本书的时候，有个小生命正在你的腹中成长，而且你已经有了一个或几个孩子。这是多么激动人心的挑战，其中又蕴藏着多大的机遇啊！你们家就要迎来一位新成员了。也许这位新成员已经有了存在感，你们会时时说起他 / 她，常常想着他 / 她。本书将在你的孕期陪伴你们全家。你们会一同踏上旅程，一周比一周更接近你们的宝贝。与此同时，他 / 她会从一粒小小的芝麻长成一个西瓜那么大。读了小宝贝从妈妈肚子里写的信，小哥哥、小姐姐们可以近距离体验到肚子里宝宝的成长全过程。这正是本书的魔力所在，因为这是兄弟姐妹之间产生联系的过程。你们将用 40 周的时间一起为牢固的手足情谊打下基础，而这份亲情将维系一生。

如何更好地使用这本书

本书面向所有家长和所有孩子，不管你们的家庭结构是怎样的。你肚子里的宝宝是男是女，你的大宝是什么性别，你已经有了几个小孩，这些都不重要。文中的称呼都是"爸爸妈妈"，每封信的开头都是"亲爱的哥哥 / 亲爱的姐姐"。你大可以自己更改这些称谓，让它更符合你们家的情况！

本书根据怀孕周数分为 40 个部分。每一部分都包含了给妈妈的孕期建议以及该阶段胎宝宝发育情况的背景知识。它也会启发你进行反思。接下来就是一封肚子里的宝宝写给哥哥姐姐们的信。信的语言很简单，不管多大的孩子都能理解。信件之后还附有两个小锦囊，它们可以帮助你们更有创意地进入本周的话题。

● 第一个锦囊适用于各个年龄段的孩子。它通常会鼓励和建议孩子独立完成一件事或自己探索一个问题。

▦ 第二个锦囊主要适用于大一点的孩子。它的内容更深入，会分享一些生物学上的知识，促使孩子思考和理解宝宝的成长历程。这个环节还设计了亲子合作的内容。几周以后，各个年龄段的孩子，不管多大，就都能使用这两种锦囊了。

我自己是过来人，所以知道即将生第三胎，前两个孩子又处于不同年龄段的时候，实在是很难应付。所以你在给孩子（们）朗读本书时，要照顾到你的孩子（们）的需求。书里的插图可以帮助你们以新的方式再次体悟宝宝的成长与妈妈身体的变化，还能让你们一起开启激发好奇心的探索之旅，展开亲子间的谈话。

书里的内容是我在做母亲的过程中积攒的个人经历。换句话说，我们的经历不可能一模一样。我分享自己的故事，是希望你能够更接近你自己，给你提供更多灵感，从而获得成长。每个家庭都有独属于自己的路要走。

最美的喜悦是期盼

孕期内每周给腹中宝宝的哥哥姐姐们写信的主意，是我在怀二宝的时候想出来的。我想有充足的时间和我的儿子还有肚子里的宝宝一起适应他们的新角色。我认为，为家庭结构的变化做好准备，可以让孩子的人生开端更加平顺。在我看来，以腹中宝宝的口吻每周给他/她的哥哥姐姐们写信，是一个绝妙的点子，可以帮助大家做好迎接家庭新成员的心理准备。我怀上三宝的时候，就给我的儿子们写了"宝宝来信"，然后把它们编成了这本书。

那时候我的两个儿子天天都要看信箱。一看到有来信，他们就会兴奋地喊："妈妈，妈妈，宝宝来信啦！"他们三下五除二打开信封，然后我们会一起舒舒服服地窝在沙发里读信。在我怀孕的 40 周里，和肚子里宝宝一起进行的阅读活动已经成了我们家亲子时间的固定项目。有一回我的二儿子问我："妈妈，宝宝在肚子里有电脑吗？他/她是怎么写信的？他/她是怎么把这些信打印出来的呢？"我忍不住笑了。儿子的话还有其背后生动的想象力让我高兴了很久。

两个儿子每周都在期待着宝宝的来信。他们总是迫不及待地问，下一封信什么时候才来呀？每收到一封信，他们对宝宝的期盼就增长一分。见证这个过程的感觉妙不可言。要是你读到这里想起了孩子闪闪发光、满是活力与期盼的眼神，你一定能明白我的意思。当他们的小弟弟来到这个世界上、来到这个家以后，当他们头一回站在他的小床边，又是惊讶又是虔诚地望着他时，这份活力与期盼就转变成了纯纯的爱。我永远忘不了生命中的这一刻，直到今天，想起此情此景，我的泪水还是会因为感动和谦卑而涌入眼眶。现在我们把这些信收藏在一个文件夹里，时不时把它们翻出来，一起读一读，共同回忆小儿子还在我肚子里时的情景。对我们家来说，我们从这些信件里获益良多，它们始终是我们生命的一部分。

见证生命的奇迹

宝宝从妈妈肚子里写的很多信都涉及生物学的话题。你们一起阅读这些信的时候，会学到一些生物学知识。毕竟没有什么比生命本身和生命的诞生过程更激动人心，更引人入胜了。读信的同时，宝宝的哥哥姐姐们也可以探查自己，一步步认识自己的身体，理解一些复杂的背景知识。这些信还能顺带进行科普，对自己身体的探查又巩固了这些知识。所有感官都会被调动起来，带来独特的体验。

你肚子里的宝宝也和他／她的哥哥姐姐们一样，是一个完美的、有行动能力的个体，已经可以做很多事了。这一点你们都要明白。胎儿会感受到你们的声音和触碰，有触觉和味觉。到一定阶段以后，他／她也会有和你们相似的身体，只不过是袖珍版本。因此你们要和肚子里的宝宝建立联系，要互相认识。举个例子吧，我带着两个儿子一起上产前培训课的时候，去医院的婴儿房里看过新生儿。看到宝宝们不仅仅只会穿着纸尿裤哭闹，还会专注而好奇地打量这个世界，他们都惊讶万分。不仅如此，我的两个儿子看着那些小小的宝宝，看得入了迷，还惊叹于他们自己以前竟然也只是这么小小的一个。我们一起从阁楼上把装着他们婴儿时的衣服的纸箱搬下来时，他们把这些小小的衣服拿在手上，很难相信自己以前竟然穿得进去（我也很难相信）。

对新生儿的哥哥姐姐们来说，能够意识到自己也是这样长大的，也像他们的弟弟妹妹一样在同一个子宫里度过了人生的最初几个月，是十分有价值的事。本书将伴随孩子们开启对自我身份的探索。它可能会深刻地影响孩子，因为在这条道路上，孩子开始理解自己。

共同的家庭活动

你们可以选一个固定的时间用来朗读宝宝的每周来信。这时候请发挥你们的想象力。也许你们可以舒舒服服地窝在沙发里读信，或者依偎在自己搭造的"洞穴"里读信，又或者夜里蜷缩在桌子下面打着手电筒读信。发挥一下创意，把周围布置得好看一点，让自己尽可能舒服一点。再犒劳自己一下，读信的时候，在冬天一同享受一杯加奶油的热可可，在夏天一起畅饮清凉的冰茶，何乐而不为呢？这会让你们共同度过珍贵的亲子时光。定期读信会让这项活动成为你家的"家庭仪式"，宝宝出生以后你们也可以继续保留这种仪式。你们一同体验，分享喜悦，然后将回忆珍藏于心，终生难忘。

专注的朗读时间——安住于此时此地

我给自己立下规矩，给孩子们读信的时候绝不让其他事项在脑海里冒出来说："嘿，我在这，快来解决我。马上！"做家长的我们有无穷无尽的事情要处理，常常是要做的事还没做完，天就黑了，一天已经过去了。这时我们才惊恐万分地发现自己没时间给孩子读信。

你过得好不好，取决于你自己，你也有权允许自己过得好。

所以抽出一点时间来，和孩子们一起休息休息吧。抓住眼前这一刻，彻彻底底地享受它。日后回忆起这段高质量的时光时，你将心生欢喜。在我们的心灵中留下深深烙印的，让我们闪闪发光的，不是我们晾了几件衣服，也不是我们秒回了几封邮件——都不是，而是和孩子相伴的宝贵时光。

你有时会发现自己读信读得不在状态。所以在开始读信之前你要好好想一想，什么事情会妨碍你投入到陪伴孩子的此时此刻中？你还需要什么，才能全身心地安住于此时此地，给予孩子所有的关注？觉察到自己正在想什么、自己刚才把能量用在了什么地方，能够让你获益匪浅。从充满爱意的视角思考"我现在真的在状态吗"，然后对这个问题做出诚实的回答，有助于我们更加平和地看见与改变自己的状态。

假如让你分心的是手机和不断找你的信息，又或者是别的电子设备，那么就让它们关一会儿机或者把它们放到一边去。如果让你焦躁不安的是没处理完的"待办事项"，那么请有意识地把关注点放在你今天已经完成和解决的事情上。你肯定也已经做完很多事了。想到这里，也许你就能对自己温柔一些，内心也能平静下来，然后投入到朗读时间里去。要是还没做完的家务正朝你呼喊——你为此烦心吗？那就先把家里朗读时要用的区域收拾出来。这些办法都很管用，可以让你和孩子一起真正享受专注的朗读时间。其他的事情可以之后再做。就是现在，就在此刻，毫无保留地和孩子一起度过亲子时光，这就是你应得的。至于其余的事，你大可以问心无愧地暂时搁置那么一小会儿。

欢迎愤怒，欢迎爱

怀三宝的时候我曾问自己，到底能不能给第三个孩子足够的爱。我的大儿子和二儿子可能也有类似的怀疑，因为他俩那时候经常忧心忡忡地对我说："妈妈，等宝宝出生了，你就没时间陪我了，就没那么喜欢我了，我知道的！"这也是我最关注的问题。被爱的感觉，归属的感觉，都是古已有之的生物学与社会学概念。对于被集体排除在外的恐惧，深深植根于我们心中。本书的核心观点之一是，我们要面对这种恐惧，还要一遍又一遍地告诉孩子，每个人都会享有充足的爱。好在我的儿子们都擅长分享而且能够用语言表达自己的情绪，对此我十分感恩。所以我们才有可能敞开心扉地讨论他们的疑虑和恐惧。

一说起情绪，我们通常把它们分为"好情绪"和"坏情绪"两类。我们往往对恐惧、担忧、愤怒或敌意的感受是负面的，对这些情绪的评价也同样负面。然而这些情绪也是人生的一部分，也服务于某种需求。它们和喜悦、耐心或爱意一样有存在的权利，所以对这些情绪我们也要表示欢迎！支持和陪伴孩子处理自己的各种情绪，有助于让他们学会分辨自己的情绪并与之相处，而不是习惯于压抑和忽视自己的情绪——即便这对我们来说很有挑战性，有时候我们甚至会觉得它让人难受、完成起来过于艰巨。不是每个孩子都会让我们了解他（她）的内心活动，有时候是因为他们不会用语言表达，有时候是因为他们不愿意说出自己的心事。

这些都没有关系。这本书将为谈论情绪提供宝贵的契机。

真实地面对情绪，给孩子树立榜样

在情绪问题上，我们成年人有时候是压抑情绪的高手，尤其是在孩子面前，我们有时会掩饰自己的情绪。真实地展露自己的情绪，给孩子树立榜样，是非常可贵的。这样孩子就能知道，我们也不是一直都情绪稳定，也会发怒，或者偶尔感到无奈或悲伤。第一次在孩子面前展现自己的真实情绪时可能需要一点勇气。这么做了之后我们就会注意到，孩子是一个有独立行为能力的个体。只要我们信任他们的能力，真诚地向他们解释我们内心的感受，他们是能够理解的。在情绪问题上，我们可以做孩子的榜样。我们可以对孩子说："我今天心情不好，因为昨天晚上没睡好。多体谅一下我好不好？"这是完全合理的。妈妈在孕期或者坐月子期间，因为荷尔蒙水平的波动，情绪往往会像坐上了过山车一样。这时候她当然可以发发脾气了，其实即使是在平时也可以。在这种情况下，沟通，就好像一滴滴入两枚卡住的齿轮之间的润滑油。说出自己的感受，或者干脆把孩子们大吼一顿，宣泄出心里郁积的情绪，往往能够让双方重新走进彼此的内心世界。

情绪本来就是人类的一部分。我们可以观察它们，接纳它们，也可以允许自己发火，不用自责。我们做父母的有权利关爱自己，学着充满爱意地对待自己，就像我们对待自己的孩子那样。温柔地拥抱自己、拥抱彼此，可以让作为个体和作为家庭成员的我们获得成长。

一起活动，一起创造

在本书中，孕期内每一周的内容里都有让你们一起动起来的版块。每周的活动内容各不相同，比如一起给美丽的孕肚涂身体乳或者一起玩抚摸孕肚的小游戏。我们人类需要身体接触。进行身体接触时，我们的身体会产生令人感到幸福的荷尔蒙。由此我们会觉得自己得到了庇护，好像回到了家里。所以我会在书中一次次要求你们互相触碰，就连肚子里的宝宝也要参与进来。这会是一种令所有人都快乐欣喜的美好体验。

我常常注意到，我们的创造力中埋藏着真正的宝藏。在家庭中，你们可以抛开分数和评价，时常进行一些充满艺术性的创造

活动。你们可以写作、绘画或做手工。这些活动还能顺便培养较为精细的运动技能和自我表达、自我探索的能力。我的大儿子和二儿子本来平时很少画画，然而自从我们开始每周共读宝宝的来信之后，他们都进行了突破自我的尝试。他们画出了想象中宝宝过周岁生日的场景。这让我特别感动。后来小儿子满周岁的时候，我们满怀自豪地把他们的画作找了出来。这段美好的回忆总能让我热泪盈眶。

觉察你的期待与想象

我们经常会想象自己的孩子未来会有怎样的个性，这特别有意思。还在孕期，我们就会设想孩子的性格，尽管肚子里的宝宝连这世上的光亮都还没瞥见过一眼呢。诚实一点，你也许会发现

自己也是这样。我们会想：我的孩子会是个运动健将，爱好这种或那种体育项目；他／她会喜欢画画和做手工，性格开朗人缘好。也许你还有些不同的想法，不过不管怎么说，我们往往会把这些"我的孩子会这样或那样"的想象当作确定的信条。有时候我们自己都没有察觉到这一点。既然你正怀着宝宝，一个小生命正在你体内成长，而且之前你已经把一个或几个孩子带到了这个世界，进行这样的思考就尤其宝贵。你要从两个角度考虑问题。你认为你已经出生的、即将做哥哥姐姐的孩子是什么样的？你对哥哥姐姐这个角色是否有什么期待？你觉得你肚子里的宝宝是什么样的或者会是什么样的？兄弟姐妹之间将会如何相处？

　　拿我自己举例，我家二宝出生的时候，有件事让我心中一惊。因为我们自己是和兄弟姐妹一起长大的，所以作为父母，我们一直都很确定自己想要好几个孩子。所以在我们的想象中，兄弟姐妹之间一开始就会相亲相爱，以后要一起玩耍。我从一开始就这样认为！"二胎跟着就来了！"这句话几乎已经深深地烙印在我心里，听也听过十几遍了。我自己就是在多子女家庭里长大的。我的姐姐一直陪在我身边，我们姐妹之间感情很好——甚至这么说都有点轻描淡写了——应该说我们甘苦与共。

　　因此，一家四口、手足情深的生活图景牢牢地印在我心中。我从来没有考虑到，人没办法挑选自己的兄弟姐妹，这是完全随机的组合，根本不可能自己做主。所以我想都没想过自己的两个儿子可能会处不来，他们可能会相互竞争。现实给了我当头一棒。

我时常想起二宝刚出生的时候，大宝走进医院产房，头一回见到了自己的弟弟，然后说："他应该回妈妈的肚子里去！"后来我们在各种场景下经常听到类似的话。对于做母亲的我来说，这当然是一道难题。我心中"兄弟姐妹要一起玩耍"的信条也经常让我濒临崩溃。因为大宝和二宝太不一样了，他们可以说完全玩不到一块去。兄弟俩之间的兴趣差异大得不能再大了——一个是运动员，一个是演员。专业文献会把我的观察归纳为：兄弟姐妹会选择在家庭中扮演不同的角色，从而使他们之间的对抗和竞争最小化。很久以后，我才意识到这个现象与自己的设想相抵触。我之所以会那么震惊，是因为我没有察觉到自己正在用那些先入为主的观念看待世界。不要用"我哪里做错了？怎么会这样？"这种问题来折磨自己，这也是我在当妈妈的过程中学到的。这种问题会消耗大量心力与能量，但我们可能永远找不到问题的答案。还不如检查一下自己正在透过什么样的有色眼镜审视现实。也许你也会发现，摘掉这副眼镜，用另外的眼光看世界的感觉要好得多。

如何处理同胞对抗，如何面对错误

比较和评判可能造成或加强兄弟姐妹间的对抗。比较和评判混在一起，无异于给手足间的竞争火上浇油。就一定要更好、更高、更强吗？"你姐姐四岁就会骑自行车了，而且她画画也比你画得好多了！"这样的话是在同时比较和评判两个孩子。我们经常对孩子说类似的话。在家庭角色的问题上你也要特别小心，比如不要随便说："你是大的，要让着小的，让弟弟先玩！"你可以这

样迈出第一步：认真观察自己，感受并反省自己的行为。你什么情况下会进行评判？可不可以不要在家里进行评判？有时候我们需要一些训练，不过每成功一次，你就会对自己的行为更有信心。不要去比较，要去看见。我指的是真正的"看见"。比如你可以说："看得出来，你骑自行车骑得越来越稳了！"这是一种让人产生联结而非分歧的观察。

家庭，应该是一个安全的空间，我们在家里想做什么都可以。在这里我们不会受到以绩效为标准的评价，也不必无休无止地精益求精。家庭可以是一个允许犯错的舒适区，它能帮助一个人渡过难关。

你有没有发现，调换一下"错误"（德语 FEHLER）这个词的字母顺序，就成了一个新词"助力"（德语 HELFER）？即便在引申意义上，错误也是一种助力。对于已经学会认字母的孩子，这是一个宝贵的认识。家庭应该让人体会到，错误也是有益于成长的助力。

本书将为你们不断提供去看见与被看见的契机。互相欣赏，互相鼓劲，由此为坚实的手足之情奠基，这是完全可行的。书中的宝宝来信会增强哥哥姐姐们的自信心，并且不断强调，每个孩子与生俱来的样子都是对的。如果做父母的你能够认真观察，少评判，少比较，觉察并反思自己的期待，你就能让孩子在他／她自己的成长空间里深深牢牢地扎根，从而拥有稳定的支点并体会到无条件的爱。同时你还赠予了孩子一双翅膀，让他／她可以自信地探索自己的世界，踏上属于自己的探险之旅。

做交易还是无条件的爱

反思一下，你与孩子交往时是否抱有什么目的？如果有，那你的目的是什么？比如，你给孩子读宝宝来信的目的是什么？我们自己在成长过程中往往习惯了，如果做了什么事，就会期待回报。交易的观念，构成了我们行为的基础。我给你点什么，你也回赠我点什么。给予通常与某种条件或期望挂钩。然而对方可能根本不知道该如何满足我们的期望。我们也会把这种模式用到与孩子的相处中——可是你要清楚地认识到，你不是在菜市场买菜，不可能说，我要两个苹果，付了钱就能得到两个苹果。我们和孩子不是在做交易，这个道理也适用于其他的人际关系。请扪心自问然后如实作答，你是不是经常和孩子"做交易"。"如果我给你读了宝宝来信，你就要自己玩一会儿。""如果……就……"是做交易的专属表达。要是不这么说，那应该怎么办呢？你首先能做的就是觉察，在某个情境下意识到自己的言行正处在交易模式下。要打破这种行为模式相当困难，但打破它的第一步就是觉察它。觉察会让你明白，自己是有选择权的。你想不想继续按照这种模式行事？假如你给孩子读宝宝来信是没有别的要求、没有附加条件的，那这就是无条件的给予：我喜欢给你读宝宝来信，因为我想和你待在一起，因为你对我很重要，因为我看见了你，珍惜你，爱你。当孩子感受到你的心意，你们就有了稳固的情感基础，在这个基础上你们可以一起为亲子关系添砖加瓦。你和孩子的亲密也会影响到他／她和兄弟姐妹之间的关系，因为他／她不会把其他孩子视为威胁。他／她不必去争取父母的爱，因为父母的爱有很多，每个孩子都管够！

可以增强你和孩子之间情感纽带的一些事

- 安排固定的亲子时间，宝宝出生以后也不变。
- 身体接触，而且是非常多、特别频繁的身体接触！
- 一起开怀大笑。
- 为孩子花时间，给孩子很多爱。
- 关闭手机和其他电子产品。
- 平等地与孩子交谈。
- 一遍一遍又一遍地对孩子说充满欣赏的话。
- 不要用"做交易的思维"和孩子交往。
- 把说过的话视觉化，比如进行蜡烛实验（参见书中的第 8 封信）。
- 察觉然后摒弃角色指派和比较。
- 允许大孩子重新当一回小宝宝。
- 看见、反映并说出情绪。
- 做孩子的榜样。
- 相互看见，不要相互评判。

这些话对孩子说多少次都不嫌多

- 你很珍贵！
- 我看见你了，你本来的样子就很好！
- 不管发生什么事我都喜欢你！
- 你可以犯"错误"！"错误"也是"助力"！
- 相信你能行！
- 有你真好！
- 你什么都可以跟我说。
- 和你待在一起真好，我很享受！
- 我相信你！
- 我为你感到骄傲！
- 我爱你，你也不用做什么来回报我。
- 我信任你！
- 不管你做什么，你都是安全的！
- 过来，让我抱抱。

目　录

前言　你好呀，小宝宝！

第1封信　太好啦，你要有小弟弟／小妹妹了！　　　2

第2封信　漫长又危险的旅途开始了　　　6

第3封信　生命的最小单位　　　10

第4封信　我的房间　　　14

第5封信　这是你呀！　　　18

第6封信　这是我呀！　　　22

第7封信　身体的引擎　　　26

第8封信　为什么妈妈有时候怪怪的　　　30

第9封信　我长胳膊长腿啦！　　　34

第10封信　生命之液　　　38

第11封信　最大的器官　　　42

第12封信　刷牙要从红色刷到白　　　46

第13封信　听，是谁在说话　　　50

第14封信　我也要嘘嘘　　　54

第15封信　独一无二的标志　　　58

第16封信　重要的管道　　　62

第17封信　性命攸关的元素　　　66

第18封信　今天是毛茸茸的一天　　　70

第19封信　是软还是硬——触觉　　　74

第20封信　瞌睡虫　78

第21封信　你相信吗？我已经会翻跟头了！　82

第22封信　我会眨眼啦！　86

第23封信　期待看到缤纷的世界——视觉　90

第24封信　我有耳朵啦！　94

第25封信　臭屁和香香——嗅觉与味觉　98

第26封信　硬骨头　102

第27封信　深吸一口气　106

第28封信　在妇产科医生那里会做些什么　110

第29封信　肌肉的游戏　114

第30封信　你的超级计算机　118

第31封信　妈妈爸爸很爱我们！　122

第32封信　我的胃还有很多东西要学　126

第33封信　屁屁是怎么产生的　130

第34封信　收拾行李，带上……　134

第35封信　你猜我会倒立吗　138

第36封信　你的身体如何帮助你保持健康　142

第37封信　争吵与和好　146

第38封信　我要来啦！　150

第39封信　我出生以后……　154

第40封信　你好呀世界，我来啦！　158

最后还有一封信　耐心等待！　162

致谢　164

第1封信

太好啦，你要有小弟弟/小妹妹了！

卵子与精子相撞，然后融为一个单细胞有机体。1944年，科学家首次观察到这一让人难以置信的过程。这一受孕过程也已经在你的体内发生。你还想得起那特殊的一天吗？

亲爱的哥哥/亲爱的姐姐：

今天是我第一次给你写信。你肯定要问了，写信的是谁呀？就是我呀，你的小弟弟/小妹妹！妈妈和爸爸可能已经跟你说过了，妈妈怀孕了，要生小宝宝了。啊，我好激动、好幸福呀！

一想到我已经有了一个小哥哥/小姐姐，我就非常、非常自豪。你已经会那么多东西了，真厉害呀！哎呀，我现在就已经很喜欢你了，盼着和你见面呢！不过咱们还要等上一阵才能见面。我要在妈妈的肚子里待上40周左右，要在这里长高长大。

为了让时间走得快一点，我想了个办法，那就是每周都给你写信。我想告诉你我在这里的经历。当然我也想知道你都在干什么。我还没有办法想象外面的世界。我们一起踏上发现之旅，好不好呀？

那咱们下周见啦。致以很多很多的问候，从妈妈的肚子里给你一个大大的拥抱！

你的小弟弟/小妹妹

接下来的几个月里，你的体内将会进行一场奇妙的生长，一粒单细胞有机体就要长成你的儿子或者女儿！你将给予他／她生命，请带着谦卑的心情迎接这不可思议的奇迹吧。

　　● 现在你知道自己就要有一个小弟弟／小妹妹了。他／她现在还很小很小，不过在接下来的 40 周里，他／她会一直在妈妈肚子里成长。妈妈的肚子会渐渐地鼓成一个球。仔细看一看！看没看出妈妈的肚子正在长大？没看出来？那再等一段时间，过不了多久，你就能看到妈妈的肚皮鼓成了一个小圆包。

　　孕期最后，妈妈看起来就像吞下了一整个西瓜或者足球一样。有意思吧？也许你也想和妈妈一起找一找她怀着你的时候拍的照片。照片里的妈妈是什么样的？你们要是愿意的话，可以把这张照片贴在下方。

　　● 现在你肯定要问了，你的小弟弟／小妹妹到底是怎么去到妈妈的肚子里的呢？他／她待在那里干什么呢？生宝宝又是怎么一回事呢？

想象一下，小宝宝的生命开始的时候，只是一粒很小很小的卵子，比大头针的针尖还要小很多。这粒卵子只有一个细胞，躺在妈妈体内的卵巢里。这里有好多卵子，但是一个月只会有一颗卵子成熟。然后这颗成熟的卵子就会从卵巢游到输卵管里。

　　要让生命诞生，光有卵细胞是不够的。不然它也太孤单了，你觉得呢？所以得有另外一个细胞来帮助它：爸爸的精细胞。你玩乐高玩具的时候，一开始也要把两块积木拼在一起吧？你的小弟弟/小妹妹获得生命的时候，妈妈肚子里的精细胞和卵细胞也是这样的。

　　不过你要知道，这和乐高还不完全一样。因为妈妈的卵细胞和爸爸的精细胞没有真的拼在一起，而是爸爸的精细胞钻到了妈妈的卵细胞里面。

　　可是妈妈的卵细胞不会一直等着爸爸的精细胞，它只会等那么一会儿。卵细胞先是一下子从妈妈的卵巢蹦到了输卵管里。这个过程叫作排卵，就是把卵细胞排出卵巢外。排卵一个月只有一次。输卵管里的一个小漏斗会小心翼翼地接住卵细胞。这里长着数不清的会摆动的小细毛，它们会把卵子往子宫的方向推。

　　这时候爸爸的精细胞就出场了。爸爸有好多精细胞哦！爸爸的大部分精细胞都是在爸爸和妈妈非常恩爱的时候到妈妈这里来的。爸爸的精细胞小得很，只有用显微镜才能看见它们。它们都长着小尾巴，可以动来动去，游向妈妈的卵细胞。

　　爸爸的精细胞们争先恐后地游啊游啊，

因为大家都想当冠军，都想第一个游到妈妈的卵细胞那里。可是只有很少的精细胞能够到达目的地。精细胞和卵细胞汇合以后才会有宝宝。大多数情况下，只有一个精细胞游到了卵子那里。两个细胞融为一体。这就叫受孕。

只要有一个精细胞进到了卵子里面，其他精细胞就进不去了。这时候卵子就好像一扇上了锁的门，谁也没有钥匙。想象一下，你出现的时候，你就是那一个游得最快的精细胞，第一个到了妈妈的卵子那里。你将要出生的小弟弟／小妹妹也是这样。他／她也是游得很快很快的精细胞。

你知道精细胞和卵细胞融合以后会怎么样吗？那可真是一个奇迹。两个细胞合二为一以后，就会快速发生分裂。它会从一个初始细胞裂变出很多，可以说多得不得了的细胞。一个细胞会分裂成两个细胞，两个细胞会分裂成四个细胞，然后四个分裂成八个，就这么一直重复下去。

这么多的细胞会组成一个小小的细胞球。不过它还没有小宝宝的模样。这个小小的球开始移动了。它离开了妈妈的输卵管，卵细胞和精细胞是在那里碰头的。输卵管不是个适合细胞球长大的好地方。所以细胞球走了很远的路，终于到了妈妈的子宫里。细胞球觉得子宫里很舒服，就住下了，而且要在那里待好长一段时间呢，差不多 40 周。

你以前也待在妈妈的肚子里，就像小弟弟／小妹妹现在一样。你在妈妈肚子里长大了，才来到了这个世界。看一看你自己吧，你都从一个小小的细胞球长成这么大了。

第2封信

漫长又危险的旅途开始了

————

卵细胞要比精细胞大得多。这主要是因为，卵细胞也是一个营养库。有了这些营养，受精的细胞才能发育成宝宝。细胞球行进几天以后，才会在子宫里安顿下来。只要这个细胞球接触到子宫壁，就会附着在子宫内膜上，这个过程就完成了。从这时起，小小的细胞球会从母体的血液里吸收营养物质。放轻松，一切正常！

亲爱的哥哥／亲爱的姐姐：

我好激动啊，因为我已经在给你写第二封信啦！你会不会喜欢我的信呢？

你知道宝宝是怎么来的吗？是妈妈和爸爸很恩爱的时候，爸爸的一颗小小精细胞碰上了妈妈的一颗小小卵细胞，然后它们会融合成一个细胞。

爸爸的精细胞有一条长长的尾巴，可方便了。有了这根尾巴，它就能游到妈妈的卵细胞那里去。这有点像在游泳池里面，你的手要划，腿要蹬，才能往前游。这两个细胞碰到一起以后，就会合成一个细胞。也可以说，卵细胞和精细胞融在一起了。现在它们成了同一个细胞，要一起继续往前走。

一个小小的宝宝就这么产生了。这个宝宝就是我！我还得继续往前走，因为我要去的地方是子宫。那里是我家，我要在那里住好久，要在那里长大，一直等到我终于来到你的世界里。呼，我已经走了好长好刺激的一段路，现在我要休息一下了。所以今天我先不写了。之后我会再找你的。从妈妈的肚子里送你一个大大的吻！

你的小弟弟 / 小妹妹

另：你知道吗？如果生的是异卵双胞胎，同时会有两个精细胞融进两个卵细胞里面。所以妈妈会生出两个长得完全不一样的宝宝。你有认识的异卵双胞胎朋友吗？

妈妈的卵细胞要想见到爸爸的精细胞，首先必须跳出卵巢。这个过程也叫排卵。对这么小的一个卵子来说，能跳出去已经很了不起了。而爸爸的精细胞要想碰到妈妈的卵细胞，就必须跑一场特别特别困难的障碍跑。

你想不想扮演一下卵细胞和精细胞呢？那先来设置一条障碍跑的跑道吧。你可以用上枕头和椅子。首先，你要像妈妈的卵细胞一样使劲蹦起来，然后跳到地上趴着。接下来你假装自己是爸爸的精细胞，要沿着障碍跑的跑道游啊游。你可以像小美人鱼或者潜水员一样上下摆动你的腿。这样虽然你在陆地上游泳，但是也可以越过障碍，一直游到终点。

到啦！

爸爸和妈妈恩爱的时候，大约有几千万颗爸爸的精细胞一起出发。

想想吧，世界上有大约 80 亿人。真是个大数目，不是吗？所有人都不一样，但是他们都是这样来的。

你刚刚写的数字真大呀，精细胞好多好多呀，是不是？爸爸的这些精细胞都要到妈妈的身体里去。现在还只是起跑，后面还有一段紧张的赛程呢。每个精细胞都想当冠军，都想第一个跑到妈妈的卵细胞那里去。可是去终点的路又远又难。

想象一下，精细胞们在妈妈的身体里先滑了一段精细胞专用的滑梯，就好像你在游泳池里滑滑梯那样。在游泳池，你会滑进一个温暖的水池里，可是精细胞们会滑进一个装满"酸水"的池子，待在里面可难受了。要穿过那个酸水池，就好像在柠檬汁里游泳一样，眼睛很疼，皮肤也会烧得很疼，对不对？

只有少数精细胞能够顺利游过这个酸水池。到下一关，也就是宫颈的时候，只剩下大概 6 万个精细胞了。宫颈足足有 2 厘米长，而且像阿尔卑斯山一样陡。所以精细胞不仅要游泳游得好，还得是优秀的登山运动员，而且是非常、非常优秀的那种。只有大约 3000 个精细胞能登上宫颈山的顶峰。想想吧，它们还没有到终点！

现在它们在宫颈里，走进了一座危险重重的迷宫。要找到正确的路可不容易。只要精细胞找到了出口，它就离目标不远了。可是那也还有好长一段路要走呢。因为子宫里的白细胞会攻击它们。只有大约 50 个精细胞能逃脱白细胞的追杀。它们终于要到了，已经来到了安全的输卵管里。这时候可能只剩下 14 ~ 24 个精细胞了。

　　然而它们还不能休息。恰恰相反，这时候它们必须全速冲刺，就像跑 800 米的时候一样，跑到最后要加速，用剩下的最后一点力气冲向终点。因为只有跑得最快的那个精细胞才能与卵细胞见面。它一下子滑进了卵细胞里面，两个细胞融合成了一个。

　　然后，这个受精的卵细胞开始分裂，就这样生出了很多很多细胞。你可以想象一下，这些细胞形成了一个小卵泡（细胞球），而这个小卵泡就是你的小弟弟 / 小妹妹。这个卵泡会向子宫行进。六天以后，它就会抵达位于子宫里的目的地。它在子宫里觉得很舒服。这个过程就叫着床。

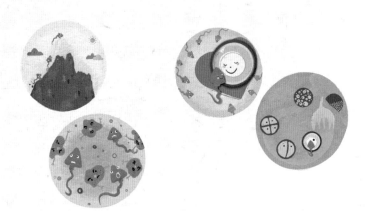

第3封信
生命的最小单位
———————

卵子受孕并着床以后产生的细胞球会迅速发育。到孕八周的时候，它就可以被称为胚胎（Embryo）了。从这时起直到孩子出生，也可以把他 / 她叫作胎儿（Fötus）。这个名称来自拉丁文，是"后代"的意思。你在怀大宝的时候给他 / 她起了什么昵称呢？现在你想给腹中的宝宝起个什么样的昵称呢？

亲爱的哥哥 / 亲爱的姐姐：

你知道你的还有我的身体是用什么做的吗？应该不是用乐高积木做的吧，那我们该看起来多奇怪呀。我觉得这个问题特别有意思，今天想和你一起研究研究。

你有没有兴趣呢？咱们开始吧！

生命和人体的奥秘就在一块非常非常小的积木里，它要比乐高积木小得多。这块积木就是细胞。它非常非常小，所以我们只能在显微镜下才能看见它。

你还记得妈妈的卵细胞和爸爸的精细胞吗？这两种细胞融合在一起的时候，我就产生了。

从这两个细胞里能长出一个有头发、有皮肤、有牙齿、有耳朵、有鼻子、有睫毛、有心脏、有骨骼、有大脑、有肌肉的人。这难道不是一个奇迹吗？

我现在还很小很小。还要等上一段时间，我才能长得足够大，才能到这个世界上来。我觉得我们的身体实在是太有意思、太吸引人了，我想经常在信里和你说说它。不过在下一封信里，我会先告诉你我的新家——子宫——长什么样。也许你会愿意和我一起布置我的新房呢。

在妈妈的肚子里拥抱你。

你的小弟弟 / 小妹妹

你能想象吗？你的小弟弟 / 小妹妹是从两个细胞发育而来的，现在他 / 她还很小。你以前也只有这么小一点。现在看看你自己吧，你真是长大了好多呀。你有没有乐高积木、得宝积木或者别的什么积木？用它们搭一个人吧。你能不能拼出一个身体来，然后在肚子上接上手臂、腿，最后在身体上面放一个头？这个小人儿像不像你自己？你要怎么拼出自己的小弟弟 / 小妹妹呢？按照自己的想法拼一拼吧！

想象一下，有的生物只有一个细胞！这个细胞包含着它们生存所需的一切。这种生物叫作单细胞生物。

要是我们人类也只有一个细胞，那会怎么样呢？那我们就会很小很小。幸好我们不是单细胞生物，因为我们是由数以亿计的细胞组成的多细胞生物。一个成年人由近 100 万亿个细胞组成。100 万亿，就是 1 后面有 14 个零。

1 已经写好了，你可以在后面写 14 个零。这个数字可真是太长了，组成我们身体的细胞也好多呀，对不对？

1

你身体里的细胞有一些共同点。不管是你手指上的表皮细胞还是你舌头上的细胞，所有细胞都被一层外壳包裹起来。这层外壳也被称为细胞膜。它会把细胞里所有的物质包起来。不过这层外壳可以让营养物质进入细胞，让废料排出细胞。它就像一副筛子一样，只允许某些特定的物质离开或进入细胞。

细胞内部有细胞核。它是细胞的控制中心，相当重要。它管理着细胞里发生的所有事情。细胞核里还包含着你的遗传物质。你的身体的建筑图纸就在遗传物质里：你的眼睛应该是什么颜色的，你的舌头能不能朝里卷，你能长多高，你的乳牙什么时候开始脱落。

细胞里还有小小的能源工厂，它们叫做线粒体。挺好玩的名字，是不是？这些能源工厂会分解营养物质，并由此产生能量。要是没有这个过程，你就既不能走路也不能思考了，因为这些活动都需要能量。所以你的每个细胞里都有不少线粒体。

不过每个细胞里也有所谓的空泡。它们是一些小泡泡，像小汽车一样跑来跑去。这些空泡负责把废料运出细胞，然后把营养物质运进来。

想象一下，有很多细胞都可以分裂。这样身体才会长大，因为两个细胞分裂成了四个，四个分裂成了八个，八个分裂成了十六个。因为你的细胞可以分裂，所以你的身体能进行自我修复。举个例子，假如你受伤流血了，伤口附近的细胞就会开始分裂。这样会产生新的表皮细胞，你的伤口就能逐渐愈合了。你肯定有过这样的经历吧？可是身体的细胞也会死亡。比如表皮细胞可以存活三十天，也就是一个月。之后它会被新的细胞取代。

　　你知道吗，你的身体里有大约 200 种不同类型的细胞？你身体上不同部位的细胞有不同的任务。你眼球上的细胞和心脏上的细胞是不同的。

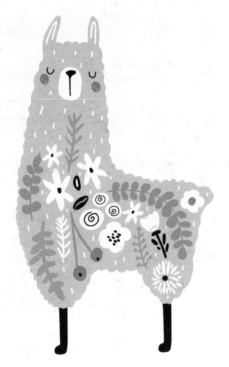

第 4 封信

我的房间

你的子宫是一处可以创造奇迹的地方。它是宝宝的家，保护着宝宝不受外界伤害。在孕期，子宫的重量会从大约 50 克长到 1200 克。

现阶段，子宫下部的肌层比较活跃，它们承载着一天比一天更重的胎儿。分娩时，它们会松弛下来，而子宫上部的肌层会变得活跃，把下部的肌层往上提，从而在母体内创造一个让宝宝能够顺利滑出子宫的空间。子宫的各部分在分娩的整个过程中配合得天衣无缝，你完全可以信任自己的身体。

亲爱的哥哥 / 亲爱的姐姐：

我刚刚在位于妈妈肚子里的新家——子宫里安顿下来了。子宫会和我一起长大，所以妈妈怀着我的时候我都可以待在这里，用不着搬家。

现在我暖暖和和地住进来了，你愿不愿意和我一起布置我在妈妈子宫里的房间呢？你想要什么颜色的墙壁，我们就把它刷成什么颜色，好不好？

现在墙壁已经刷上漂亮的色彩啦，你能再帮我挂几幅画吗？挂一张咱们的全家福怎么样？或者你来画一张能够挂在墙上的画吧。我会很高兴的，因为房间的墙壁现在还有点空落落的。墙上有了装饰画，房间看起来就要舒服多啦。

　　你的房间的墙上有没有挂画？跟我讲讲吧，你的房间长什么样？

　　等我去到你身边，和你一起看世界的时候，我会多么高兴呀！那时候你会不会给我看你的玩具和我们的家呢？我好想看看家里什么样啊！

　　从妈妈的肚子里使劲亲亲你。

你的小弟弟 / 小妹妹

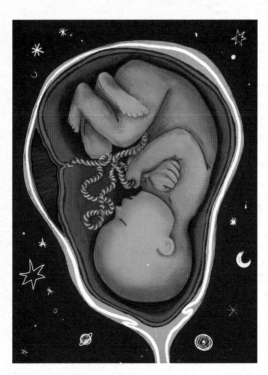

你有没有问过，宝宝在妈妈的肚子里吃什么？这是个很有意思的问题：子宫的内壁上有胎盘。你可以把它想象成一个冰箱，里面满满当当全是各种好吃的。每当妈妈吃东西的时候，就会有很小一部分营养进入了胎盘。宝宝就是从胎盘里获取营养的，这样他／她就能吃饱了。

猜一猜：你的小弟弟／小妹妹是更喜欢吃淋了酱汁的面条，还是加了鸡蛋的黄瓜沙拉？你可以和他／她说说你自己爱吃什么。把你爱吃的食物写在下面吧：

妈妈的胎盘是一个神奇的器官，它的形状好像一只倒着放的梨子。这个长在子宫里的"梨子"就在妈妈肚子里。它能够拉伸，也会跟着宝宝一起长大。你可以把它想象成一个气球，有人在慢慢地往里面吹气。一开始它还很小，然后它变大了，而且越长越大。

和气球不同的是，妈妈的肚子可不会爆炸。就算是孕期即将结束，你的小弟弟/小妹妹已经长得很大了，妈妈的肚子变得像一个大圆球的时候，它也不会爆炸。

宝宝周身包裹着一层又软又薄的护壁。那是一种薄膜，叫做胞衣。胞衣里有羊水。你的小弟弟/小妹妹就住在羊水里。这层胞衣也会和宝宝一起长大，好让宝宝一直有足够宽敞的地方住。

羊水温温热热的，这样宝宝在妈妈的肚子里就不会觉得冷了。宝宝待在羊水里，有点像你泡在浴缸里。妈妈的羊水好就好在，总是会有新鲜干净的羊水流进来！就是这样，宝宝才能在妈妈肚子里什么都不缺。

你有没有专心听讲呢？妈妈的肚子里有什么？

a. 蛋糕

b. 木瓜

c. 胎盘

第 5 封信

这是你呀!

在兄弟姐妹之间不做比较,接纳孩子所有的性格特点,有时候并非易事。当你想起你的大宝的性格特点的时候,你的脑海里会浮现出哪些想法和念头呢?你有没有想到一句可以形容大宝的话?你对肚子里的宝宝又有什么样的想法呢?你的想法会塑造你看待世界的方式。人的信条就是这样产生的。世界究竟是不是你想的那样?认识并体悟到这一点,会带来很大的改变。这里有一个可以帮助你追问自己的思想小实验,你只需改变这种表达方式:"我觉得,我的孩子就是这样的。"你看待问题的方式和对孩子的想法有没有发生变化?你有没有发现,你的想法只是你的想法,不一定是事实?

亲爱的哥哥 / 亲爱的姐姐:

距离我上次给你写信还没有过去多久。今天我很激动,因为我想进一步认识你。想象一下,你也正在妈妈的肚子里。一开始你很小很小,就像现在的我一样。看看吧,你已经长得好大了,而且已经会做好多事了!

我想知道你的方方面面!我有好多问题想问你,你可以和妈妈还有爸爸一起把答案写在这本书里。我很好奇你有多高,还想知道,如果咱们要一起玩点好玩的——比如说，去月球上探险——要带些什么东西。

没错，我也想飞上月球。我肯定会带上你的。想想吧，我们一起坐在一艘真正的火箭上，要去太空旅行。我们可以一起去冒险！啊，我好期待呀！我们都要带哪些行李呢？

哎呀，该停笔了，直接出发吧！

从妈妈的肚子里给你大大的拥抱。

你的小弟弟／小妹妹

另：你回答了接下来几页里的问题以后，我就能了解你了！我好想知道你长什么样、在做什么、会做什么呀。下次的信里我会告诉你，我长什么样子，以及我在妈妈的肚子里过得怎么样。

● 你手边有笔和纸吗？没有的话，就找支笔、拿张纸吧。然后好好想一想：你想和你的小弟弟／小妹妹一起进行什么样的冒险呢？你们是要一起坐着火箭去月球呢，还是一起去探索野兽出没的热带雨林呢？你们是要一起挖一条直通澳大利亚的地道呢，还是和鲸鱼一起潜入深海呢？

画一幅你们一起探险的画吧！

你叫：_____

你 _____ 岁了

你的身高：_____

你眼睛的颜色：_____

你头发的颜色：_____

你不喜欢：_____

20

你想和我一起吃：_____

你想和我一起玩：_____

今年你想认识：_____

你今天穿的袜子长这样：_____

你喜欢收集：_____

你放响屁可以放多久：_____

你最害怕：_____

你在水下可以憋气憋多久：

你擅长：_____

你想做的职业：_____

你希望我：_____

第 6 封信

这是我呀！

你的宝宝越长越大，每天都在发育，这真是一件不可思议的事。有时候你可能觉得你的肚子和里面的宝宝一夜之间又长大了一些。这样的体验多么美妙而强烈啊。每个宝宝都有自己的生长节奏，这是件好事。有时候一位经验丰富的助产士可以一眼看出你肚子里宝宝的体重和大小。你也来试试吧，要相信：对你和你的身体来说，你的宝宝的大小正好！

亲爱的哥哥 / 亲爱的姐姐：

就在不久以前，我还是一个小小的小不点儿，你用肉眼都看不见我。那时候我和你长得还很不一样，不像你一样有胳膊，有腿，还有脑袋。这些我以前都没有，我只是一些小小的细胞。那时候我还没有人类的样子，长得更像一个飞碟。

我要在妈妈的肚子里待差不多 10 个月。和妈妈一起算一下，我会在几月出生吧！一直到出生的时候，我都要不断地长大。想象一下，妈妈的肚子里怀了一个"西瓜"。多有意思啊，不是吗？妈妈的孕期要结束的时候，我就像西瓜那么大了。

至于我是女孩还是男孩嘛，先不告诉你。你肯定有耐心再等等的吧。不管怎么说，我都想长得像你那么高那么大！那我们就可以一起做很多好玩的事儿了！休息的时候我们还可以一起啃西瓜或者吃樱桃。

我会很快再给你写信的。从妈妈的肚子里使劲亲你一下！

你的小弟弟／小妹妹

另：想象一下，小象出生的时候就能有100千克重，而我出生的时候一般只有3.5千克，和小象比起来真是轻得像小虫子一样了，你觉得呢？问一问妈妈吧，你刚刚出生的时候有多大，有多重。

⬤ 你的小弟弟／小妹妹将会高速生长10个月或者40周！想一想一粒沙有多大吧。你要是去过海边的沙滩，就知道它有多小。妈妈肚子里的宝宝一开始也这么小。过了一段时间，大约四周以后，他／她就会像芝麻饼干上的芝麻那么大了。你喜欢吃醋栗吗？想想一颗醋栗有多大，那你就大概知道你的小弟弟／小妹妹在第八周的时候有多大了。

又过了四周，宝宝已经像樱桃那么大了。想象一下，你已经可以轻轻松松地用手把他／她拿起来了。或许你还是觉得他／她很小，可是宝宝一定很自豪，因为自己已经比一开始大很多了。

你的小弟弟／小妹妹会很努力地继续长大。到第16周的时候，他／她已经有李子那么大了。你肯定看得出来，妈妈的肚子已经明显变大了。这是因为妈妈的子宫也在长大，她的肚子会越来越圆。现在每个人都能看出来，你要有小弟弟或者小妹妹了。太好了，是不是？

想象一下，又是四周过去了，宝宝待在妈妈肚子里的时间已经过去了一半。宝宝在第 20 周又长大了好多，已经和梨子差不多大了。

又过了四周，宝宝变得像橙子一样大，再过一个月，他/她长到了大一些的牛油果的大小。在第 32 周的时候，宝宝的大小和菠

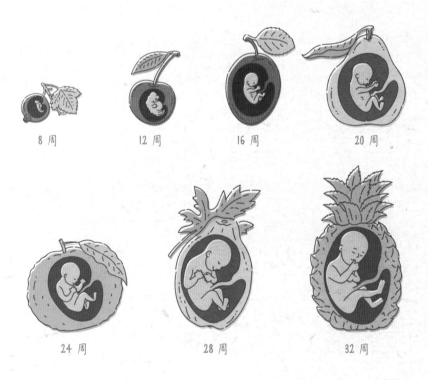

8 周　　　　12 周　　　　16 周　　　　20 周

24 周　　　　28 周　　　　32 周

萝差不多。这时候离他/她出生就不远了。可是你要知道，你的小弟弟/小妹妹会在妈妈怀孕的最后几周里铆足了劲儿地长大，于是又长了一大圈。距离出生还有四周的时候，宝宝就已经有南瓜那么大了。到妈妈孕期结束的时候，宝宝会和西瓜差不多大。

也许接下来的好多周里，你会反复翻看这几页，这样你就能想象出你的小弟弟/小妹妹现有多大了。

也许你会想要找一个和西瓜差不多大的玩具球或者布娃娃，然后把它塞在你的衣服下面。这样你就可以想象出，妈妈在马上要生宝宝的时候是什么样子的了。肚子好圆好鼓啊，对不对？你也可以试一试，挺着这样的大肚子走来走去是不是很有意思？现在不只是妈妈怀了宝宝，你也怀了"宝宝"！

36 周

40 周

第 7 封信
身体的引擎

胎儿的心血管系统，也就是心脏和血管，很早就开始发育了。这个系统在人体中的功能十分重要。当你的月经因为怀孕而爽约时，宝宝的心脏已经开始跳动了。或许现在你全身起了鸡皮疙瘩，肚子里也痒痒的。胎儿的心脏有一个开口，它会在宝宝出生时闭合。从此以后，含有废物的血液和新鲜血液就不会混合在一起了。这个细节至关重要！

亲爱的哥哥 / 亲爱的姐姐：

今天我又想给你写信了。在信的开头，我想问你一个问题。你知不知道，你的心脏在身体的哪个位置？对，没错，它就在你身体左半边的胸腔里。把你的手放上去，有没有摸到规律的心跳？是的，这就是你的心脏。你摸到的跳动，是你的心跳。要是你愿意的话，也可以摸一摸妈妈的心跳。如果你把耳朵贴在妈妈身体的左侧，你也许还能听见她的心跳声。

每个人都有一颗心脏。心脏是我们身体的引擎。没有引擎的车一米也开不动。我们的身体也是这样。没有心脏，我们就活不了。

想想吧，我的心脏也已经开始跳动了！它还非常非常小，但是已经强壮到可以给我的全身输送血液了。这样我正在生长的器官就能获得充足的血液了。比如，我的肺、胃和肠都在生长。是不是很厉害？要听见我的心跳，就要用到一种特别的听诊器。等我出生了，你也可以来研究一下我的心跳。一想到那个情景，我的心脏就高兴得怦怦跳呢。

从妈妈的肚子里亲亲你，抱抱你！

下回见！

你的小弟弟 / 小妹妹

另：你知道吗？章鱼有三个心脏，而水母一个心脏都没有？还有，心脏最大的动物是蓝鲸。想象一下，蓝鲸的心脏足足有一辆小汽车那么大！

你的心脏为你的身体提供能量，尤其是在你剧烈运动的时候。这时心脏的工作量也变大了。你一定和小伙伴们一起玩过"你追我跑"的游戏，游戏里你肯定撒开腿飞跑过。你跑得非常快的时候，你的身体也会发生一些变化。你知道是什么变化吗？你可以出去跑一会儿或者快速地跳10组开合跳，你的心跳和呼吸有什么变化？当你快跑的时候，你的心脏必须迅速给你的身体提供能量和氧气，这样你的肌肉才可以良好地运转。心脏从吸入的空气和肺里吸取氧气。所以你的心跳会在你快跑的时候越来越快，你的呼吸频率也越来越高，对不对？

把你的手握成拳头。你的心脏差不多就像你的拳头那么大。妈妈的心脏大概一分钟跳 70 次。你的心跳要比妈妈的更快些，一分钟跳大约100次。而宝宝的心跳频率平均可以达到一分钟130次。跳得好快呀，是不是？

计时一分钟，数一数你的心脏在这一分钟里跳了多少次。把你的手放在心脏的位置。你也可以把手放在脖子上感受自己的心跳。这个时候你要调动一下手指尖上的触觉。把食指和中指搭在脖子上介于耳朵和下巴之间的位置。有没有摸到轻轻的跳动？那就是心跳，你在这里可以测到自己的脉搏。妈妈和爸爸也可以一起来测一测。你要是有兴趣，可以把自己的心跳记录下来：

我的心脏一分钟跳 ＿＿＿＿＿＿＿＿ 次。

妈妈的心脏一分钟跳 ＿＿＿＿＿＿＿ 次。

爸爸的心脏一分钟跳 ＿＿＿＿＿＿＿ 次。

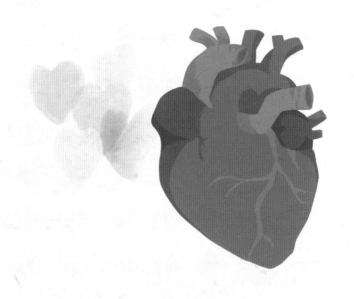

　　要解释清楚心脏到底在做什么，它又为什么那么重要，可不是一件容易的事情。所以我在这里给你画了一个心脏。你看到红色的区域了吗？这是一个心室。你的新鲜血液就汇集在这里，然后通过心跳被输送到动脉里。动脉就像一些长长的管道，它们贯穿了你的整个身体。血液在动脉里流淌，仿佛沿着你身体里的公路网，流到你的每一处肌肉、每一块骨骼和每一个器官里去。

　　这个交通网相当重要，因为你的血液就像是装满了营养物质和氧气的大卡车。血液会把营养物质和氧气输送到需要它们的身体部位去。血液把营养物质和氧气送达目的地以后，又会沿着类似的管道回到心脏。这类管道叫做静脉。它们运输的是装载了二氧化碳的血液。二氧化碳是身体不需要的废物。你的血液总是在身体里循环流动，所以这整个过程也被称为血液循环。

第 8 封信

为什么妈妈有时候怪怪的

你的体内正在发生巨大的变化。也难怪你可能经常感到疲劳。只要条件允许，就花时间好好休息一下。你确实挺不容易的——你已经有一个孩子需要照顾了。虽然如此，你还是要试着关注自己，在做妈妈的繁忙日常中抽出一点点固定的时间来休息。为自己着想是可行的，不是自私的表现！

亲爱的哥哥 / 亲爱的姐姐:

我已经在妈妈的肚子里待了八周了。我已经长大许多了。也许你会想要往回翻几页，查一查我在第八周的时候有多大。你找到了吗？对，没错，和一颗醋栗一样大。

今天我想向你解释一下，为什么妈妈最近和平时可能不太一样了。说不定你已经注意到了，妈妈有时候心情不太好，甚至还会发脾气。这不是你的错，是妈妈的身体在适应我的到来。而且妈妈现在的一呼一吸都要养活两个人，一个是她自己，另一个就是我了，这样我才能在妈妈肚子里有吃有喝。

孕期刚刚开始的时候，妈妈是很辛苦的，就好像她每天都得不停地跑三个小时一样。要是让你也每天连续跑三个小时，你也肯定会累得上气不接下气的，对吗？不过你不用担心，妈妈的身体能够应付得来，只是她可能时不时会觉得特别累。虽然如此，妈妈的身体没什么大问题，我的感觉也很不错。

我非常喜欢你，从妈妈的肚子里给你一个大大的拥抱。

你的小弟弟 / 小妹妹

● 也许你已经注意到，妈妈在吃饭的时候和以前不一样了。可能她看到有的菜会觉得恶心。不过这并不严重，很快就会过去的。妈妈怀着你的时候，可能也是这样的。问一问妈妈，她怀着你的时候吃不下什么，又特别想吃什么。

妈妈现在特别爱吃：

_____

_____

妈妈现在吃不下：

_____

_____

还有，现在妈妈的鼻子要比她怀宝宝之前灵敏得多。这个改变很有用，这样一来，她就能在烟雾报警器响起来之前就闻到锅里的菜烧糊了。厉害吧？

你会不会偶尔想象着自己的小弟弟／小妹妹出生以后，会是什么样的？也许你会想，那时候爸爸妈妈就没这么多时间来陪你了。宝宝刚出生的时候，真的需要爸爸妈妈给他／她很多帮助，因为他／她自己什么事都不能做。不过爸爸妈妈会永远支持你，这一点是不会变的。他们给你们两个的爱是一样多的。

想要看到这一点，就做一做下面这个小实验吧。给家里每个人都准备一根蜡烛。当然啦，你还需要火柴和一块防火的垫子，旁边放上灭火用的水。注意了，你做这个实验的时候必须有大人陪伴，比如妈妈或者爸爸在旁边。自己一个人点火是绝对不可以的！

一开始，你们只点燃代表妈妈和爸爸的蜡烛。然后把代表你的蜡烛烛芯放在燃烧的火焰里。你观察到了什么？没错，你的蜡烛也开始燃烧了。接下来拿出代表小弟弟／小妹妹的蜡烛。这是一支小小的宝宝蜡烛。把这支蜡烛的烛芯也放到火焰里，代表小弟弟／小妹妹的蜡烛也开始燃烧了。看吧，烛光多明亮、多温暖呀。每多点燃一支蜡烛，家里就变得更明亮和温暖了。就好像家里多了一个孩子，爱不会变少，反而变多了！看，我在这里给你留了一个地方，好让你可以画出蜡烛家族的美丽火焰。

也许你可以和爸爸妈妈聊一聊，和他们约定一个陪你疯、陪你玩、抱抱你的固定时间。这样你就可以单独和他们两个待着，和他们一起做你想做的事情了。

第 9 封信

我长胳膊长腿啦！

孕妇什么时候第一次感觉到轻微的胎动，这个时间点因人而异。也许你正盼着感受到那种柔软的触碰呢。母亲感受到的胎动强度取决于诸多因素，比如胎儿胎盘的状态或者羊水的量。放下压力，专注地感受你的身体内部吧，让你充满喜悦的盼望变得越来越强烈。

亲爱的哥哥/亲爱的姐姐：

　　我第一次接触到妈妈的时候，妈妈自己都没感觉。那时候我还太小了。我得长大好多才能让妈妈感觉到我。只有等我可以用自己的胳膊和腿触碰妈妈肚皮的时候，妈妈才会发现我正在"练体操"呢。如果你把手小心地贴在妈妈的肚子上，或许你也能感觉到我在轻轻地蹬腿呢。

　　你可以问问妈妈，你以前是不是也是一个小小"体操运动员"，经常在妈妈肚子里动来动去。那时候妈妈说不定都看见了你印在她肚皮上的脚印呢！要等到你摸得着我的时候，你还得多点耐心。

　　等我出生的时候，我已经会做好些动作了，只是还不会走，不会踢球，不会捉虫子，也不会打响指。不过我学这些动作的时候，你肯定会帮我的。我还没学会这些的时

34

候，不管你做什么，我都会在旁边看着你的。

我很期待呢！从妈妈肚子里使劲亲亲你。

你的小弟弟／小妹妹

● 要知道，你的小弟弟／小妹妹一开始既没有胳膊和腿，也没有手、手指和脚趾。

想一想，你都会用手做哪些事情？你肯定会挥手打招呼，会把手握成拳头，可能还会打响指吧？那你又会用腿做哪些动作呢？腿可重要了，你会用腿走路，用腿爬树，用腿跳过小水坑，还会用脚踢球呢，是不是？

再好好看看你的手指头和脚指头。它们都长什么样？哪根指头最长？哪根指头最粗？你手上有没有胎记或者其他什么特别的东西？

宝宝的手指和脚趾一开始就像小小的鼓包，还看不出根根分明的手指和脚趾。它们是后来慢慢长出来的，就好像你在桌子上把面团搓来搓去，把它们慢慢搓成长条一样。宝宝的手指就是这样从小鼓包长成大拇指、食指、中指、无名指和小拇指的。

揉一个面团，试着模拟一下你的小弟弟／小妹妹的指头是怎么慢慢长出来的。把面团放在桌上搓一搓，搓出一个小长条来。

揉面团需要的配料：

- 20 克食用油

- 250 克温水

- 5 克柠檬酸（柠檬酸属于烘焙材料，如果你想把面团保存得久一点的话可以放一点）
- 100 克食盐
- 200 克面粉

把食盐、面粉和柠檬酸倒入一个大碗里，加入水和食用油，搅拌均匀。如果有食用色素或者烘焙用的装饰品，也可以给面团上个色。把面团装在保鲜盒里放入冰箱，可以让它保存很久。

你的小弟弟／小妹妹的胳膊和腿刚长出来的时候，它们根本就动不了。还得再过一段时间。起先它们只能时不时抽动一下，宝宝是没有办法控制这个动作的。如果轻轻敲打你的膝盖和小腿之间的某个特殊的点，你的腿也会这样抽动。你的小腿会一下子向上弹起来，可是你自己压根儿没有想抬腿。在你身上，这叫做膝跳反射。你的小弟弟／小妹妹做出的第一个动作也和这个差不多。

在以后要长出小胳膊小腿的位置，首先会出现小芽一样的结构，就好像春天树上发出的叶芽一样。这些小芽先是会长成蹼一样的东西。也许你潜过水，戴过脚蹼。小宝宝的蹼就像那样。这些"蹼"又会随着时间逐渐长得像船桨一样。

不过这些看起来和我们的胳膊和腿一点也不像。宝宝身上还要长出手肘和手腕来。再过一段时间，膝盖和脚腕也长出来了。最后长出来的是指头。

要长出手腕、手掌和手指，就要新长一共 54 块骨头。仔细摸一摸，也许你从外面就能感觉到它们。

你知道你是怎么分清左右手的吗？要是你还分不清左手和右手，那就试试这个办法：伸直大拇指和食指，看看哪边的手指能拼成字母"L"，这边就是你的左手边！很妙，是不是？

还有，我们人类一开始都有长在手指和脚趾之间的蹼，就像鸭子和青蛙那样。可惜它们后来就消失了，不然我们可能都是游泳健将呢！

第 10 封信
生命之液

　　胎盘是保障胎儿营养供应的暂时性器官。这个词来源于古希腊语，意思是"饼"，因此胎盘也被称为"妈妈饼"。在胎盘中，妈妈的血液系统与胎儿的血液系统紧密相连。因为有一层极其纤薄的膜——胎盘屏障，所以母体和胎儿的血液循环系统不会混杂。这个有过滤功能的组织使得两个血液循环系统得以独立运行。这样就只有胎儿需要的营养物质才能进入胎儿体内。随着胎儿离开母体，胎盘会在分娩后脱落。所以也有"胎盘和孩子一起出生"的说法。

亲爱的哥哥／亲爱的姐姐：

　　你肯定受过伤吧？你受伤的时候，伤口里会流出血来吧？你可能会在伤口上贴一张创可贴。所以你知道，血看起来就像红墨水。你的身体可少不了血液。

　　要是没有血液的话，我也活不了。在我小小的身体里，血液已经开始扮演着重要的角色了：血液被输送到我的全身各处，把至关重要的养分送进每一个细胞里，这样我才能茁壮成长。

　　还有，我血液里的营养物质全都是从妈妈那里来的。在妈妈的肚子里，我还没有办法自己吃东西、喝饮料。所以妈妈会输送一些她的营养给我。她的血液给了我需要的一切。

　　现在我要停笔休息一下啦。你准备做点什么呢？

　　从妈妈的肚子里给你一个大大的拥抱。

你的小弟弟 / 小妹妹

另：你知道吗，龙虾、螃蟹和蝎子的血液是蓝色的？我好想看一看啊！

● 你发现了吗？有些人见不得血，而且觉得血很恶心。我完全不理解。血液多迷人啊，它可是我们的生命之液呢。

　　找出一个手电筒，把它举在你的手掌前。现在手电筒的光穿透了你的手掌，你可以看见手掌里泛红的光。这光发红是因为你的手掌里有血液！神奇吧？而且一点都不恶心！

你知道吗？你、你的小弟弟 / 小妹妹和"红色星球"——火星——有两个共同点，你肯定要问了，我们哪里一样啊？

你的血液是由血浆组成的。血浆的主要成分是水，所以血液才可以流动。这就是你、小宝宝和火星之间的第一个共同点，因为火星上可能存在或者曾经存在水，或者至少有水的痕迹。有水才可能有生命。

血浆里有不同种类的血细胞在游来游去，其中就有红细胞。红细胞的重要组成部分之一是铁元素，铁元素非常小，它能把氧气绑在自己身上。

铁元素本来是灰色的，不过它可以像魔法师一样改变自己的颜色。铁元素运送氧气的时候，就会从灰色变成鲜红色。血细胞里的铁元素也会生锈，就像老自行车一样。所以含有很多铁元素的血液就像火星那么红。
这就是你和火星的第二个共同点。血液把氧气输送给
你身体里的细胞以后，这些红色的血细胞就会褪去
铁锈般的红色。返程的血液颜色要深得多。

现在你可能要问了，血液到底是从哪里来的。这个问题很重
要，也很有意思。想象一下，你的小弟弟 / 小妹妹的小身体刚刚开
始自己生产血液。血液是在骨髓里产生的。骨髓就在骨头的内部。

宝宝的红细胞可以存活三个月，所以他 / 她的身体一直都在
生产含有新的血细胞的新鲜血液，和你的身体一样。这样我们才
能一直有足够的血液。

你知道吗？血液有不同的类型，这是因为血细胞的表面不一
样。人们一般用 ABO 系统来将血型分为四种：A 型血、B 型血、
AB 型血和 O 型血。你可以这么想：A 型血的人的血细胞表面上
有小小的三角形。B 型血呢，血细胞表面上就是小小的四边形。
AB 型血比较特别，它上面既有三角形又有四边形。O 型血人的血
细胞表面上既没有三角形又没有四边形。现在你可能又
要问了，每种血型的人是不是一样多。A 型血和 O 型血
很常见，AB 型血和 B 型血较少一些。

你知道自己是什么血型吗？知道妈妈和爸爸的血型吗？要是
你乐意的话，可以在这里记下来：

第 11 封信
最大的器官

怀孕期间，皮肤的色素沉着会加重。你可能已经注意到自己的色斑、胎记或者雀斑的颜色变得比以前更深了。一条位于腹部正中，平时不可见的生理纹线也由白变黑，凸显出来。分娩以后，这道妊娠线通常会变淡直至完全消失。要是这个神奇的记号出现在你身上，就和你的孩子们一起探索一下它吧！

亲爱的哥哥 / 亲爱的姐姐：

你知道吗？皮肤是人体最大的器官，我们从脚尖到头顶都被皮肤覆盖着。

我的皮肤一开始松松垮垮的，好像一件穿变形了的毛衣。不过我已经长大不少了，我的皮肤也变得越来越平整了，而且它的颜色也变了。我是一只小小变色龙。我的皮肤最初是深红色的，现在它变成了粉红色，而且嫩得透光，美极了。你觉得呢？

我们人类手指尖上的皮肤触感尤其敏锐。你用手指尖触摸的时候，就能知道你摸的东西是像羽绒那么松软呢，还是像仙人掌一样扎手。试一试吧，抚摸一下妈妈的肚子。它是不是又软又暖又坚实？哎呀，你的抚摸好温柔呀！我隔着妈妈的肚皮都能感觉到呢。

等我出生了，你想怎么抚摸我都可以。等我长得足够大了，我也想摸摸你。

我已经开始期待了呢！不久的将来见！

你的小弟弟／小妹妹

另：你知道吗？表皮细胞要花一个月的时间才能到达表皮。每过一个月，你就会有一层全新的皮肤，和会蜕皮的蛇一样。是不是很方便？

● 你们有没有宝宝霜？有的话，你去把它拿来吧。你准备好了吗？

想象一下，宝宝嫩嫩的皮肤上盖了一层宝宝霜一样的东西。它有个好玩的名字：胎脂。不过它没有气味，闻着一点都不像脂肪。可别以为你的小弟弟／小妹妹身上会有股油臭味儿啊！

胎脂可以很好地保护宝宝的皮肤。想想吧，你要是在装满水的浴缸里泡一整天会怎么样。你的皮肤肯定会不乐意的，它会越泡越皱。所以宝宝皮肤上那一层"专属宝宝霜"有大用处，它能保护一直睡在羊水里的宝宝！

亲自试一试吧，把手放在打开的水龙头下面，然后把手擦干，涂上宝宝霜，再把手放到水流下面。你观察到了什么？水是不是结成了一颗颗小水珠？宝宝霜可以保护你的皮肤不受水的侵蚀，就像胎脂会保护你的小弟弟／小妹妹的皮肤一样。

　　小宝宝的皮肤下面还会长出小小的脂肪垫。当你把头使劲向后仰，眼睛向上看的时候，摸一摸自己的脖子后面，你肯定能摸到一些小肉褶子，对吧？你的小弟弟／小妹妹皮肤下的脂肪垫也是这样的。它们是由脂肪组成的一些小垫子，宝宝出生以后马上就要用到它们。宝宝生下来以后，妈妈和宝宝要过几天才能适应喂奶或者使用奶瓶这件事，所以很有必要做一些储备。你的小弟弟／小妹妹的皮肤下面这些装着干粮的"小背包"，就是为刚刚出生的时候准备的，非常有用！

　　你的皮肤是一个十分神奇的器官，有很多的功能。举个例子吧，你觉得很热的时候，是不是就开始流汗了？你可以想象你的皮肤上到处都是小小的淋浴莲蓬头。这些"淋浴莲蓬头"也叫做汗腺。你流汗的时候，就有液体从这些小小的淋浴莲蓬头里流出来。这种液体就是你的汗水。流汗的时候，你的皮肤就变湿了。

　　不过你的汗水不会在你的皮肤上停留太久。汗水会蒸发，而让汗水蒸发需要能量。通过散发能量，你就能觉得凉快一点点，就好像你在用冷水冲澡一样。

　　幸好，妈妈的肚子里既不冷也不热。这是因为羊水总是温温热热的。很舒服，是不是？所以即使宝宝一件衣服也没穿，他／她在冬天也不会觉得冷。要是你的小弟弟／小妹妹在妈妈肚子里的时候就穿着羊绒衫，戴着帽子、围巾和手套，那不是太滑稽了吗？

　　你有没有发现自己皮肤上也有斑斑点点？它们有大有小，形状各异。这些皮肤上的斑点也叫胎痣或者肝痣。名字是不是有点特别？"胎痣"（Muttermal）这个词在德语中已经存在700多年了。很久了吧？它们也叫肝痣，因为这些斑点和一个器官的颜色相似——肝脏。想想吧，每一百个宝宝里就有一个宝宝出生时就长着胎痣。大部分痣都是后来长出来的。

你有没有长在身体特殊位置的痣？它成了你的标记，让人不会把你和别人弄混，因为只有你在这个身体部位有记号。看看你的左小臂，有几颗胎痣？看看爸爸妈妈的小臂，你找到了几颗胎痣？要是你乐意的话，等小弟弟／小妹妹出生了，你可以找一找他／她身上的胎痣。

第 12 封信
刷牙要从红色刷到白

　　有一句俗话叫"生一个娃，掉一颗牙"。这是不是无稽之谈呢？科学家的研究结果证实了这个民间说法，并且找到了很多孕期牙齿受损的原因。例如，一些孕妇在孕早期经历的孕吐对牙齿有害。照顾新生儿的时候，产妇的时间非常紧张，往往会忽视口腔卫生。所以认真保养并清洁牙齿，坚持看牙医非常重要。别给自己找借口，你肯定不会因为忙就推掉工作上的约见吧！

亲爱的哥哥 / 亲爱的姐姐：

　　我已经在妈妈的肚子里待了三个月了，这是我写给你的第 12 封信。哇！你想象得到吗？我今天状态很好。你呢？我希望你一切都好。

　　等我出生的时候，我还没有牙齿。但是我的牙齿们已经就位了哟！只是它们还藏在我的牙龈里面呢。出生以后，我还不能嚼东西，所以一开始我会使劲用嘴吸。

　　其实我也还用不上牙齿，因为我刚出生的时候还吃不了面包、麦片、苹果派和面条呢。我要在妈妈那里喝好多好多奶，或者用奶瓶喝奶。这样我就可以安心等着牙齿们冲破牙龈长出来了。

　　等我大概六个月大的时候，我的第一批牙齿就会从牙龈里冒出来了。到时候我可能会经常又哭又闹，因为长牙还是有点疼的。不过之后我就可以像你一样嚼东西了，好期待呀。老是喝奶也有点太单调了。

牙齿这个话题好有意思，你觉得呢？我可盼着和你一起探索咱们的牙齿了，说不定我们还可以一起玩牙医游戏呢。

还有，你要好好保护自己的牙齿啊。你每天要刷三次牙，好让它们不要生病。我经常哼《刷牙要从红色刷到白》（一首按照德国儿歌《森林里有个小矮人》填词的童谣，用来教育儿童养成良好的刷牙习惯。——译者注）这首歌。你听过吗？你可以在刷牙的时候用《森林里有个小矮人》的曲调唱这首歌。你要从牙龈开始打着圈儿刷牙。红的是牙龈，白的是牙齿。所以歌里唱的是：

刷牙要从红色刷到白，
小小牙刷打圈多可爱，
早晨起床刷刷牙，
晚上睡前刷刷牙，
我把牙齿刷得像雪白。

今天就写到这里吧，希望你歌唱得开心，刷牙也刷得开心。还有别忘了，刷了牙要把牙膏沫吐出来，因为吞牙膏可对肚子不好。

致以亲切的问候，从妈妈的肚子里紧紧拥抱你！咱们不久之后见！

你的小弟弟 / 小妹妹

另：我还想告诉你一些事。陆地上牙齿最多的动物是犰狳。它的嘴里一共有 104 颗牙。海洋里的海豚甚至足足有 252 颗牙齿。你知道哪种动物的牙齿最大、最重吗？哪种动物的牙齿最锋利呢？

⬤ 你想不想给自己的牙齿涂上颜色？当然不是在真的牙齿上涂色啦，而是在纸上画。这里有一幅专属于你的小小牙齿填色图！

⬤ 今天你想不想踏上一场特别的探索之旅？要进行这场探索，你需要一面小镜子，用它来观察你的口腔和牙齿，可有意思啦！你有一副上颌骨，还有一副下颌骨，你的牙齿就长在它们上面。

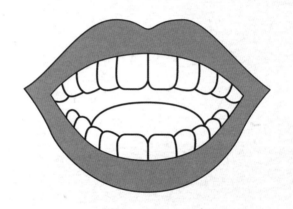

你的第一副牙叫"乳牙"，因为它们的颜色像牛乳一样白。尽管它们亮亮的，看起来好像骨骼，但其实不是骨骼。组成它们的物质不是骨骼组织，而是"牙本质"。

牙本质上面覆盖着牙釉质。要知道，这是你全身上下最坚硬的物质。要是没有这层保护壳，你的牙齿就不能像现在这么强劲有力地嚼碎食物。没错，牙齿不仅帮助你发音咬字，还可以把你吃进嘴里的食物切细，嚼烂，磨碎，好让你能更轻松地把它们吞下去然后消化掉。

你想知道牙齿有哪些种类吗？那就借助小镜子看一看妈妈的或者你自己的口腔吧。长在前面的是锋利的门牙，它们能把食物撕咬成方便入嘴的小块儿。之后就是尖尖的虎牙，它们可以在咀嚼的过程中固定食物，是优秀的助手。

也许你已经看见了排在虎牙后面的前磨牙。它们只有两个牙尖，还有宽大的牙冠，为的是能够咀嚼并切碎食物。在妈妈口腔里很靠里的地方，还有一些长着宽大牙冠和四个牙尖的牙齿。它们是磨牙，帮助其他牙齿把食物磨碎。

有的大人在磨牙之后还有一颗牙，就是通常说的"智齿"。你在妈妈的口腔里找到它了吗？妈妈的智齿也可能已经被牙医拔出来了。问一问她吧。

你要知道，人一生会长两次牙。妈妈已经有 32 颗恒牙了，"恒牙"的意思就是：它们短时间内不会再脱落了。你的嘴里只有 20 颗乳牙。等你到了大概六岁的时候，门牙就会先脱落，然后其他牙齿也会跟着掉下来。那时候你的牙齿就有缺口了，这很好玩，你可以利用这个缺口来吹口哨。你的恒牙很快就会从牙龈里长出来的。

乳牙掉落是好事，因为它们比你的第二副牙齿小太多了。想象一下，小小的你长着一口和大人的牙齿一样大的牙，那模样该有多滑稽呀！所以，咱们小孩子的小乳牙都排得密密的。我们长大的时候，上下颌骨也会跟着一起长，这样一来，乳牙之间就会出现越来越宽的缝隙。上下颌骨更大的人，牙齿也得更大才行，明摆着的道理嘛。小小的乳牙脱落了，它们是在给更大的恒牙让位。说不定你的乳牙已经开始掉了呢？你把它们收起来了吗？把它们拿出来，和爸爸妈妈一起仔细观察一下吧。

第 13 封信

听，是谁在说话

利用听觉，你们可以早早开始培养和宝宝之间的感情。用你自己的声音给宝宝唱歌很有益处，而且一举两得。歌唱对你练习嗓音是一件好事，还有安抚宝宝的作用。

如果你定期给宝宝唱同一首歌，他／她就会在你唱歌的时候感受到你快乐的情绪，出生之后还能再认出这首歌来。歌声堪称完美的安抚剂，而且你的歌声肯定也能给大宝带去欢乐。

亲爱的哥哥／亲爱的姐姐：

我们的妈妈正在用她自己的声音给你朗读我写的信。你听得见妈妈的声音，也听得懂妈妈在念什么。肚子里的我也在竖起耳朵听你们的声音呢。我出生以后还可以认出你们的声音来。

我一出生就可以试一试自己的嗓子啦。好期待呀！不过我用不着学怎么发声，这真是太省事了。发声和走路不一样，发声我一开始就会。我哭起来或者尖叫起来的时候，那音量可不小呢。不久之后，我就能"咯咯"笑、发出"叽里咕噜"的声音和大笑声了。至于开口说话嘛，那还要再等一阵呢。不过没关系，咱们像现在这样也可以交流。

我已经很期待以后我们一起说话聊天了。也许你可以用你的嗓子发出各种不同的声音，然后我在旁边学。或者我们可以一起唱首歌。咱们肯定可以想到什么好听的歌的，你说呢？

亲切的问候，从妈妈的肚子里使劲亲你一口。

你的小弟弟／小妹妹

● 你可以用你的声音做各种各样的尝试，比如你可以唱出高音和低音。和爸爸妈妈一起试一下，发出像熊那样低沉的咆哮声。现在再一起试一试，用蚊子一样的高音哼哼。鼻子被捏住的奶牛又会怎么叫？叫声是不是很好玩？我们的嗓子能发出这么多种声音，真是太神奇了。

还有，有几个音不用舌头是发不出来的。发一下"t"这个音吧。如果你仔细观察说话时的舌头，会发现这时舌尖在你的上门牙根部移动。练习一下发不同的音，研究研究舌头和发音的关系吧！

● 你有没有产生过疑问，你的音调是怎么产生的？要说话、唱歌和叫喊，你需要从你的肺里呼出空气来，还需要一个小小的、隐秘的身体部位。它就在你的气管入口处，叫做喉头。你可以摸一摸妈妈或者爸爸的脖子，喉头很硬，从外面仔细地摸就能摸到。

　　你发出声音的时候，喉头里发生了什么呢？发声要靠喉头里的两片声带。它们盖住了气管，只留下一道缝隙，这道缝隙叫做声门。

　　声带紧绷的时候，声音就产生了。这时声门也会收窄。呼气时，空气通过并推动紧绷的声带，使它开始振动。声音就这么产生了。你可以摸到妈妈和你自己的声带的振动。你说话的时候，把手指放在喉头的位置，会有颤动的感觉。这种颤动正是来自你振动的声带。是不是很神奇？你可以想象一个气球：你往里面吹气，再握住开口，只留下很小一条缝，然后放气，放气的时候就会发出声响，就好像你喉头上的声带会发出声响一样。

　　不过也不是每一次你呼气的时候都会有响声，是不是？你的声带松弛，声门打开的时候，气流可以顺畅地通过，这时候就不会有声音。声带的绷紧或放松由肌肉控制。整个过程都是自然而然的，根本不需要你动脑筋。

你可能提过这个问题：为什么爸爸的嗓音比妈妈的低沉这么多？你知道为什么吗？想象一下吉他的琴弦吧。粗一点的琴弦弹出的音是不是要比细一点的琴弦的音低沉很多？爸爸的嗓音也是这样的。他的声带比妈妈的声带粗很多，所以爸爸的嗓音也更低沉。而且爸爸的胸腔也要大得多。你想呀，大提琴的音色也比小提琴的音色低沉多了。而且还有一个不同点是，爸爸的喉头比妈妈的大得多。你都能看见爸爸的喉头。也是因为这个原因，爸爸的声音更低沉。

最后还有一个小谜团

想象一下，你的小弟弟／小妹妹的喉头已经长出来了，他／她的声带正在逐渐成形。不过可惜宝宝在妈妈的肚子里还不能发声，因为还缺一件重要的东西。你知道是什么吗？没错，就是空气。未出生的宝宝还不能自主地呼吸，所以无法让自己的声带振动。

第 14 封信
我也要嘘嘘

————

欢迎来到孕中期！这是孕期内最舒适的一段时光。你的身体已经逐渐适应了怀孕带来的巨大改变。也许你这时候感觉不错，状态良好。就算你因为这次怀孕和上回有些不一样而担心，也不必太过焦虑，要有信心，因为你的宝宝已经长大很多了。一些定期的孕期检查，比如尿检，或许能让你放心一点，给你带来一份额外的安全感。尿检是针对尿液中蛋白质、葡萄糖以及细菌的检测，一些疾病可以由此得到及早的发现与治疗。

亲爱的哥哥 / 亲爱的姐姐:

你可能已经问过了，我在妈妈肚子里是不是也要嘘嘘，也要拉臭臭。说起这个，我可有话要说了，今天我就来和你聊一聊。

现在我还不能拉臭臭，因为我还吃不了任何固体的食物呢。不过我已经会嘘嘘了！我要喝好多好多妈妈肚子里的羊水，这是为了练习吞咽。我嘘嘘的时候，一部分羊水就从我身体里流出去了。我就在包裹着我的羊水里嘘嘘。不过你别担心，新鲜羊水会源源不断流进来的。就好像在浴缸里面，你会让脏水流走，同时打开水龙头放进干净的清水一样。妈妈的肚子里也是这样的。

我这里一直都是干干净净的，不至于在自己的尿里面游泳。不然那也太恶心了吧。

　　我出生以后应该要用一阵尿布，因为我还不会自己上厕所呢。说不定你还可以帮着妈妈给我换尿布，或者自己试一试呢。你们也可以给我把屎或者把尿。就是说，抱着我，下面放上一个小盆子，用盆子接住我的嘘嘘和臭臭。出生以后，要是我想嘘嘘或者拉臭臭了，你们会看得出来的。要不要我告诉你一个秘密？我最喜欢在没穿衣服的时候嘘嘘。想到这个我就高兴呢。今天就说到这里吧！

　　从妈妈的肚子里致以很多问候，下次见。

你的小弟弟 / 小妹妹

另：你知道吗？长大以后，你的身体每天会产生大约1.5升尿液，都可以装满一个大水壶了。不过我是不会从这个水壶里喝水的。噫，想想就好恶心呀。

● 说起嘘嘘和拉臭臭，你会想到哪些词？我给你留了一块空白，你可以把你想到的词语写在下面：

_____

_____

_____

　　这些词好有趣啊！

不过嘘嘘和臭臭到底是怎么形成的呢？要知道，你的身体并不需要全盘接收你吃下去的所有食物。准确地说，必须被排出身体的物质还真不少。你吃下去的食物在你的身体里走了很长一段路以后，首先来到了你的胃里，然后进入了你的肠道。

你可以把肠道想象成一条长长的管子，食物在里面会被进一步挤碎。你身体需要的所有营养物质都会被肠道吸收。然而它们

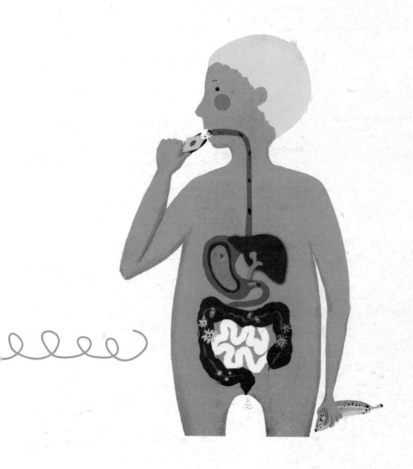

会被运送到需要它们的身体部位去。

剩下的部分，比如食物里无法消化的部分、水、死去的细胞和黏液会被肠道堆积挤压成一团棕色的物质。这一团物质可能是液体，也可能是固体，它们会被肠道一直推着往前走，直到从肛门那里离开你的身体。哎呀，有时候这东西可是臭得很呢，是不是？

妈妈肚子里的宝宝也已经有了胃和肠。不过宝宝体内还无法产生真正的臭臭，因为他／她在妈妈的肚子里还不能吃固体的食物。不过你知道，宝宝已经会不停地吞咽羊水了。这样各种各样的物质就会进入宝宝的肠道，像是胎毛啦，胎脂啦，羊水啦还有一些死掉的细胞。

时间一长，宝宝肠道里的这些东西会被挤压成一团粗糙的黑色物质。不过它不叫臭臭、粑粑、便便或者屎，而是叫胎粪。你的小弟弟／小妹妹在妈妈肚子里的时候，胎粪会一直在他／她的肠子里。所以宝宝出生以后第一次和第二次拉的臭臭味道都很奇怪，看起来也和普通臭臭不一样。

你有没有过这个疑问，为什么你的嘘嘘都是黄色的？不管是喝过棕色的热可可也好，还是红色的葡萄汁也好，你的嘘嘘总是黄色的。这是因为，你喝下去的东西都会流过肠道。果汁或者热可可会在这里被分解成很小的分子，因此会失去它们原本的颜色。你的身体不需要的物质会汇集在肾脏里。你身上死去的红细胞残骸也会在这里聚集。红细胞的残骸就是黄色的，是它们染黄了你的尿液。下次你上厕所的时候可以自己观察一下。

第 15 封信
独一无二的标志

人类早在 100 多年前就开始运用指纹了。人们会在合同上按上独一无二的指纹，让合同生效。又过了很长一段时间，指纹才被广泛用于确定个人身份。每个人的指纹终其一生都不会改变。宝宝出生以后，你也可以印下他／她的指纹。这会是一份绝佳的纪念。

亲爱的哥哥／亲爱的姐姐：

今天你想不想和我一起探索一下你的手指？

仔细观察一下你的指肚。你看到了什么？上面是不是有一些纹路？它们是直的还是弯的？你是不是还看见了一些形状好像簸箕的纹路？

你看到的自己指头上的纹路就是你的指纹。指纹是个非常有趣的东西，想想吧，你的指纹在这个世界上是独一无二的。

再看一下爸爸妈妈的指纹。发现什么不同的地方了吗？就是这些不同的地方，让你和妈妈还有爸爸的指纹独一无二。

想象一下，我的手指上也已经有这些纹路了。不会改变的指纹没过多久就长出来了。我出生以后，咱们可以一起仔细看看我们的指纹，找一找有哪些不同。

从妈妈肚子里致以亲切的问候和一个大大的吻。

你的小弟弟／小妹妹

另：你知道吗？考拉也有指纹，而且和你的指纹挺像的。可惜狗狗就没有不会改变的指纹了。在狗狗的爪子上是找不到指纹的。不过狗狗有鼻纹。每只狗的鼻纹都是不一样的。下回你再碰上一条你认识的狗狗的时候，可以仔细瞧瞧它的鼻子。

● 你想不想用墨水印个指印？你需要印泥、指甲油或者水彩颜料。准备好这些以后，就可以开始啦。

我专门给你在这一页上留了一大片地方。妈妈和爸爸也可以在这里印下他们的指印。别忘了给即将出生的小弟弟／小妹妹留一个空位。

和妈妈一起想出几种动物，然后用你的手指把它们画出来（制作手指画）怎么样？也许你们可以画一只狮子或者一只鸟，或者别的什么动物也行。这里的位置足够画好多五颜六色的动物了，你们可以把它们放到一起。

你的手指只要摸过什么东西，不管是你的杯子、牙刷、笔、书本还是自行车把手，都会留下指纹。随便你碰过什么，都会留下可识别的指纹痕迹。

也许你以后想在警察局工作。指纹在这里可是格外重要的。你知道为什么吗？假如你是一位正在调查盗窃案的警官，如果运气好的话，你会在案发现场发现嫌疑人的指纹。如果你把这些指纹拍下来，就可以在警局的电脑上搜索这个指纹。运气再好一点的话，你就能找出罪犯是谁了。很厉害吧？

你的朋友里面有没有双胞胎？同卵双胞胎长得非常像，一般人很难分清两个人谁是谁。他们／她们的发色、眼睛的颜色都是一样的，甚至身高也是一样的。你觉得他们／她们的指纹会一样吗？很有趣的问题。在纸上看，双胞胎的指纹也很相像，几乎分不清楚。不过如果你用放大镜仔细地看，还是能看出很多不同的。尽管双胞胎长得很像，他们／她们还是有各自独一无二的指纹。

第 16 封信
重要的管道

脐带里充满了胶质液体。分娩后，这种液体一旦接触空气就会膨胀。它会在宝宝出生以后挤压脐带内的血管。它还含有防止出血的激素。所以剪脐带对宝宝来说一点也不疼，而且不会造成失血。

亲爱的哥哥 / 亲爱的姐姐：

我正舒舒服服地躺在妈妈的肚子里，想着一个问题：你最爱吃什么？西蓝花煮汤，奶酪焗菠菜，还是红菜沙拉？又或者你更喜欢吃番茄酱意大利面，再来一份冰淇淋做餐后甜点？

妈妈的肚子里自然是没有这些美食的，可我需要的营养也不比你少，这样我才能活下来然后长大。那你可能要问了，我是怎么获取营养的呢？

我正想和你说说这件事呢，因为最近我有了一个大发现。我发现，妈妈的肚子里有一根橡皮软管一样的东西。我当然又仔仔细细地看了一遍。这根管子摸起来挺结实的，就像装满了水的浇花水管那样鼓鼓的。顺便说一句，这根管子叫脐带。想象一下，这根管子的一端在我的肚子上，另一端在妈妈的子宫上，就是我现在住的小窝。妈妈和我是被连在一起的。妈妈只要吃了或者喝了什么东西，它们就会通过脐带被输送到我这里来。

出生以后，我就不需要这条脐带了，因为可以喝奶了。那时候这条脐带的位置上就剩下了肚脐眼。你也是这样的。想想吧，等我来了，我们就可以互相在对方的肚脐眼上挠痒痒了。那一定很欢乐！

我很快会再给你写信的，从妈妈肚子里使劲"啵"你一下！

你的小弟弟 / 小妹妹

另：小狗、小猫、小熊和小老虎都有脐带，因为它们和我们人类一样都是哺乳动物。那么属于禽类的小鸡有没有脐带呢？它们有没有肚脐眼呢？也是有的哟！小鸡仔虽然是在鸡蛋里长大的，脐带没有把它和鸡妈妈联系在一起，可是它也是依靠脐带从卵黄，也就是蛋黄里吸收生长需要的一切营养的。不过小鸡的肚脐眼只有在它刚刚破壳的时候才能看见，在成年的鸡身上就看不见了。

● 看一看你自己的身体：你找到自己的肚脐眼了吗？也许你也想探索一下妈妈的肚脐眼呢。宝宝还很小的时候，妈妈的肚脐眼长得和你的差不多，而且她的肚脐眼也许是向内凹陷的。

等你的小弟弟 / 小妹妹再长大一些，妈妈的肚子变得更圆更鼓的时候，她的肚脐眼也会发生变化。首先是凹处慢慢消失，肚脐眼会变得越来越平。到宝宝快要出生的时候，妈妈的肚脐眼甚至可能会鼓出来，就像肚皮上的一座小山一样。想起来有点滑稽

63

是不是？爸爸的肚脐眼里有时候长着绒毛。你自己去看看吧，当一回"肚脐眼研究员"！

你还想知道更多的有关脐带的知识？你的小弟弟／小妹妹的脐带就在他／她以后的肚脐眼的位置，这个你已经知道了。那他／她和妈妈还有妈妈的子宫之间的联系，又是怎么一回事呢？你要知道，脐带和子宫上的一个特殊部位连在一起。这个特殊部位就是胎盘。

"胎盘"听起来是不是很好吃（在德语中，胎盘 Mutterkuchen 的字面意思为"妈妈饼"，所以才会说这个词听起来好吃。——译者注）？这可不是用来吃的，而是妈妈子宫里的一块区域，这里流淌着大量的血液。妈妈的血液里有氧气和营养物质。妈妈的血液会把它们输送给宝宝的血液。脐带就像高速公路一样，氧气和营养物质会通过脐带流进你的小弟弟／小妹妹的身体里，让他／她可以得到生长发育所需的物质。

巧妙的是，宝宝不单单可以从妈妈那里得到好东西，他／她还可以通过脐带把自己不需要的物质输出到妈妈身体里去，比如二氧化碳和产生的废物。这些东西会通过脐带从宝宝的血液里流进胎盘。在胎盘里，妈妈的血液会照单全收。母子间的物质交换是双向的。你可以把脐带想象成妈妈和宝宝之间的物资传送带。

另外，胎盘里有一道栅栏，它只允许对宝宝有好处的物质通过。除了营养物质和氧气可以通过之外，妈妈的疾病抗体也可以通过这道栅栏，而妈妈的血液就会被拦住了。这样一来，妈妈和宝宝的血液循环虽然是彼此相连的，但也是各自独立的。妈妈的血液和宝宝的血液不会混在一起，因为这样并不好。

宝宝出生以后，脐带依然连着他 / 她的肚子。不过从出生的那一刻起，宝宝就不再需要脐带了。现在他 / 她可以自己呼吸了，而且马上就能学会喝奶，之后还会学会自己吃饭。所以人们一般会在宝宝出生以后把脐带剪掉。你完全不必担心，剪脐带一点儿也不疼。

剪掉脐带以后，还有一小段脐带会留在宝宝的肚子上。伤口愈合以后，这一小段脐带会自己脱落。脱落以后会留下一个小小的疤痕，那就是肚脐眼！

问一问爸爸和妈妈，给你剪脐带的人是谁。没错，你也有过脐带。你还在妈妈肚子里的时候，就是你的脐带把你和妈妈的身体连在一起的。

第 17 封信
性命攸关的元素

怀孕期间，血容量（尤其是血浆量）会激增。水在宝宝的身体里充当着运输工具的角色，宝宝的血液循环也需要水，所以你一定要摄入充足的液体物质，最好是喝水。如果你怀孕之前每天都要饮用大量的咖啡或茶，可以用水果茶代替。喝点和平时不一样的饮料，不要加太多糖，大宝肯定也会喜欢的。在饮料里适量加点儿冰块，再插上一根环保吸管，它们就成了美味的冰茶了。

亲爱的哥哥／亲爱的姐姐：

在上一封信里，我和你聊了把妈妈和我完美连接在一起的脐带。通过脐带，有一种至关重要的元素来到了我这里。你知道是什么元素吗？没错，那就是水。没有水，就没有生命。我也需要不少的水呢。

我时不时会吞下几口羊水，有点像在喝水。不过这么点水对我来说可不够，其实我吞羊水只是为了练一练吞咽这个动作罢了。所以妈妈还得通过脐带给我输送足够的水分。

妈妈吃饭是为了两个人吃的，喝水也是为了两个人喝的。因为她要把她自己体内的水分给我一些。你在妈妈肚子里的时候也是这样的。现在你已经可以自己喝水，自己吃饭，自己为自己的身体补充水分和营养了。我以后也会慢慢学会自己做这些事的。我学的时候，你肯定会帮我的。

　　啊，我现在就已经很期待和激动了呢。

　　到时候见，从妈妈肚子里向你致以最亲切的问候！

你的小弟弟 / 小妹妹

另：骆驼的储水能力相当惊人。也难怪，沙漠里特别缺水嘛。所以这些沙漠生存大师可以在相当长的时间里滴水不进，它们可以三周都不喝水。要是口渴的骆驼找到了水源，它可以在15分钟内喝掉大约200升水。

● 在家里来一场"水源发现之旅"怎么样？家里哪些地方有水？家里还有什么生物需要水才能活下去？等你的小弟弟 / 小妹妹出生以后，你就已经对家里的水源了如指掌了，可以告诉他 / 她哪里有水，教他 / 她怎么用水。你可以把找到的水源写在下面，方便以后记起：

想象一下，你身体的一半以上都是由水构成的。你的小弟弟/小妹妹刚刚出生的时候，他/她身上水分所占的比重还要更大。要知道，你越长大，身体里的水分占比就越少。老人体内的水分占比要比婴儿或儿童体内的水分占比少得多。正因为如此，上了年纪的人会长皱纹，因为他们皮肤里的水分流失了，皮肤就不再紧绷绷的了。

我们的身体为什么需要这么多水呢？这是个很好的问题。要知道，水对很多生存必需的过程来说至关重要。举个例子，水是一种优秀的运输工具。水把营养物质输送到你的细胞里，又接收了你的细胞不再需要的废弃物质。

这些废弃物质又通过嘘嘘和拉臭臭被排出体外。这个过程也必须用到很多水。还有你的器官，比如心脏、肺、肌肉、血液甚至骨骼和大脑——这些器官全都需要水才能运转。

水在体温调节中也发挥着重要作用。例如当你跑了很长一段路以后，你的体温会因为运动而升高。为了让身体冷却下来，你会大量出汗。你的汗水就是水，它通过细小的毛孔从你的身体里流出来，能降低体温。

呼气的时候，也会有一些水离开你的身体，尽管你没法用肉眼看到这个过程。这是因为你呼出来的水不是液态水。如果是液态水，那么你的鼻子就会一直"滴滴答答"的，那可就好笑了。是的，水可以不单单是液态水，它还可以变成水蒸气。

或许你煮过面吧。煮面要先烧水。水烧得很烫的时候，就会开始冒水蒸气。水蒸气由许多小水滴组成，它们一旦受热就会飞

快地运动。它们不愿意再和那些液态的小水滴待在一起了，所以就在空气里飞来飞去。

你呼气的时候也是这样。也许你还见过自己呼出来的水蒸气呢。冬天很冷的时候，如果你在户外用嘴呼气，口中就会冒出白雾，是不是？你还可以看清楚那些小水滴呢，它们在你呼气的时候离开了你的身体。

想要让你的身体运转良好，就要摄入相当数量的水。你可以通过吃东西或者喝饮料来吸收水分。比方说，就在你津津有味地舔着冰淇淋的时候，你正在摄入不少的水分，因为冰淇淋有超过一半的成分是水。黄瓜更是水分满满，就算是你吃的面包里也有水。你喝水或者苹果汽水的时候，就是在直接摄入水分。

你的各个身体部位都需要很多水，它们也会消耗很多水。除此之外，保持个人卫生也需要水，比如用水洗漱，这里需要的水也不少。先想象出一个容量为一升的水瓶吧。如果你想要舒舒服服地泡个澡，你需要多少个这样的水瓶？10瓶？140瓶？还是300瓶？要是往浴缸里倒10瓶水，你就会发现10瓶水太少了。要是倒了300瓶水呢，水满得又要溢出来了。140瓶水可以说是相当多了，因为你得把刚才想象出来的水瓶装满又倒空140次，不过之后你就可以舒舒服服地泡个澡了。

第 18 封信
今天是毛茸茸的一天

胎儿的全身覆盖着一层特殊的绒毛。这种叫作"胎毛"的绒毛来自基因中残留的祖先特征，可以追溯至人猿时代。"胎毛"（Lanugo）这个词来自拉丁文"lana"，意思是羊毛。

羊毛般的胎毛非常重要，因为它可以保护胎儿的小身体不受羊水侵蚀。它还有良好的保温和缓冲作用，可以减少震荡、噪声和挤压给胎儿造成的影响。

亲爱的哥哥／亲爱的姐姐：

今天我要在信里跟你聊好多好多关于毛毛的事儿。

要是你仔细观察自己和妈妈的身体，就会发现，上面到处都长着细细的毛毛。

现在我全身也都长满了软软的毛毛，这样我就好像躺在软垫子上一样，可以在妈妈的肚子里舒舒服服地长大啦。不过这些毛毛在我出生以前就会消失不见。

我的头发也长得很快。我已经盼着让你轻轻摩挲我的头，摸摸我的头发了。因为我知道，那样我肯定会很享受的。

说不定我们还可以一起洗一次头呢，然后一起梳头发，吹头发，玩理发师游戏。只是别扯我的头发，很痛的！

从妈妈的肚子里致以最亲切的问候，不久之后见！

你的小弟弟／小妹妹

　　● 你的小弟弟/小妹妹的头发是什么样的，拭目以待吧！有的小宝宝刚出生时没几根头发。有的则长着一头茂密的秀发。问一问妈妈，你刚生下来的时候有没有头发，还是说头顶光溜溜的。

　　人和人的头发可能大不相同，你觉得呢？你的头发现在是什么颜色的？妈妈头发的颜色和你的一样吗？你的头发是什么样的呢？是直直的？像波浪一样弯曲的？还是螺旋卷的呢？

　　世界上最常见的发色是黑色，而红色是很少见的发色。螺旋卷发也是这样，因为真正的螺旋卷发非常稀少，很多人的头发都是直直的。

　　画一画你自己的、妈妈的、爸爸的还有你的好朋友们的发型吧。别忘了把你的小弟弟/小妹妹的发型也画上哦！

● 你身上其他部位的毛毛又是什么样的呢？

设想一下，要是你胳膊和腿上的毛毛，又或者是睫毛或眉毛长得像头发一样长，会是什么样子的。那你就可以在自己的腿上编辫子，或者去理发店把眉毛烫得卷卷的了。那样子肯定很奇怪吧！

不过别担心，只有你的头发可以长到那么长。这是因为，头发比其他毛发活得更久，所以也有更多时间长长。一根头发的寿命可以长达六年，每年能长长 15 厘米。而一根眉毛只能活四个月，一根腿毛甚至只能活两个月。这些毛毛会长到 1 ～ 2 厘米，然后就脱落了，用不着请理发师把它们给剪掉。

然而所有毛发有一个共同之处。它们都在狭长的毛囊里生长。毛发的活性部分就在毛囊里。你能看见的毛发都是已经死去的细胞。

还有，好好检查一下你的脚掌和手掌。那里长了毛毛吗？没有！你身体的这两个部位完全没有毛毛！

第 19 封信
是软还是硬——触觉

身体接触极其重要。轻柔缓慢、抚摸般的接触对人有积极作用。皮肤上有上百万个感受器,它们通过专属的神经通路将这种感受传输至大脑。皮肤上的感受器一旦被激活,就会促使身体分泌带来充满幸福感的荷尔蒙——催产素。内酚酞的产生也和触摸有关。所以常常抚触大宝,还有肚子里的宝宝,是很有意义的。抚触的时间足够长,他们就会幸福满足得闪闪发亮呢!

另外,分娩和宫缩都需要催产素,而内酚酞可以减轻你的痛感。分娩时抚触产妇,是一种缓解疼痛的办法。

亲爱的哥哥 / 亲爱的姐姐:

轻轻摸一摸妈妈的肚子吧。你感觉到妈妈的皮肤有多温暖、多光滑了吗?不过妈妈的肚子摸起来也很结实呢,是不是?想象一下,我也已经和你一样有触觉了。我还在听不见也看不见的时候,就已经拥有触觉了。

要不要我告诉你,我在妈妈的肚子里都触碰到了些什么?你还记得我跟你说过的妈妈和我之间的"连接管"——脐带吗?在这个惬意的洞穴里有这样一根管子,我真是太高兴了。要知道,我已经可以用手指抓住脐带了,还可以把它卷着玩儿呢,就像你卷线团一样。这项活动帮我打发了很多时间。而且我还知道了什么是"结实"

的触感，因为脐带里面总是胀鼓鼓的。

爸爸妈妈抚摸你，搂着你，挠你痒痒的时候，那种感觉是不是很美好？你肯定十分享受他们的触碰。身体接触让人快乐。我肯定也会喜欢你用你的小手抚摸我的肚皮，或者用羽毛轻轻挠我的脚心的。哦，我好期待呀。等长大了，我也要轻轻地抚摸你。一言为定！

我已经和你说了很多我能触摸和感觉到的东西了。不得不承认，触觉这个感官很有意思。我出生以后，恨不能把所有东西都抓在手里摸一摸。咱们一定要一起摸索我们周围的世界。我什么都想知道。冷水摸起来是什么感觉？冰淇淋摸起来又是什么感觉？棉布和石头摸起来有什么差别？也许你可以跟我讲一讲，这些东西摸起来是什么感觉。我时间很多，想要好好听你讲。

从妈妈肚子里给你一个大大的吻！

你的小弟弟／小妹妹

要是你想知道，不同的触碰方式会带给身体什么样的感觉，可以和妈妈或者爸爸一起玩一玩"比萨烘焙师"这个游戏。你要把上衣撩起来一些，然后趴在妈妈或爸爸的大腿上。现在你的后背就是一块比萨饼啦。首先要和面团，然后要把面团擀成面饼。接着要在面饼上抹上番茄酱。现在要在比萨面饼上摆上各种各样好吃的。你的比萨上要放点什么？蘑菇、橄榄、洋葱、柿子椒、菠萝、奶酪？把它们全都放在比萨上，最后把比萨放进炉子里烤。

烤好以后，当然要把比萨切成几块，还要吹一吹。嗯——好吃!
刚才你的背上有什么感觉?

宝宝在妈妈的肚子里已经可以感觉到很多事物了。想象一下，他/她的手指和脚趾上已经开始长指甲了。等以后抚摸他/她小小的指甲，别提有多好玩了。不过注意动作要非常非常轻。你也可以试着摸一摸自己的指甲。它们是硬还是软? 是光滑的还是有棱角的? 你的小弟弟/小妹妹已经和你一样有触觉了，是不是很棒?

为了尽可能触摸到更多的东西，宝宝有"触觉小体"，它们能让宝宝知道自己周围有什么。很多触觉小体分布在宝宝的手指肚上，手掌上也有一些触觉小体。这些部位的触觉尤其敏锐。而宝宝的后背就没那么敏感了，因为这里的触觉小体要少得多。让妈妈或爸爸抚摸一下你的手掌和后背吧。手掌和后背上的触感都很好，不过是不是也很不一样?

宝宝还能用手指触碰并感觉到覆盖着他/她全身的胎毛。这些毛毛像羊绒一样软。抚摸小宝宝的胎毛就像在摸小猫咪。

你知道宝宝喜欢在妈妈肚子里干什么吗? 他/她会把自己的大拇指或者别的指头塞进嘴巴里咂巴。这样宝宝就能练习吮吸了。之后宝宝要从妈妈那里或者奶瓶里喝奶的时候，这个动作就很有用。还没出生的宝宝还可以用大拇指摸索自己的嘴巴。要是你乐意的话，也可以摸一摸自己的舌头。感觉怎么样?

你的小弟弟/小妹妹可不只会

用指头和手感觉。现在他／她已经长大不少了，每天都要练习好多动作。宝宝在妈妈肚子里做体操的时候，常常会撞上妈妈的子宫壁。这样他／她就能感觉到自己身体的范围。通过这种方式，小宝宝会觉知到自己的身体，对自己身体的大小有了概念。

　　你想不想玩一玩触摸游戏？你可以自己做一个实验用的触摸盒。只要一个有盖子的空鞋盒就行。在鞋盒侧面剪一个洞，洞大到你可以轻松地把手伸进去。有时候在硬纸箱上挖洞不太容易，不过爸爸妈妈肯定很乐意帮你的。现在让人把一件东西放进盒子里，盖上盖子，然后你把手伸进洞里去抓那件东西。你感觉到了什么？它可能会是什么东西？它是大还是小？是软还是硬？是光滑还是粗糙？你只能靠触觉辨别触摸盒里的东西哟！打开盖子，看看猜对了没有。

第 20 封信
瞌睡虫
———

你的肚子正在变大，隆起成了一个迷人的球。怀孕的你真的很美。不过这越来越大的肚子可能会给你的睡眠带来一些困扰。所以很多女性都说，孕妇枕在孕期里帮了大忙，因为侧睡的时候可以把它垫在两腿之间。床上放一个孕妇枕吧，让自己睡得舒服一点。

要是你有天晚上没睡好，这件事对你来说意味着什么，由你自己决定——你可以一整天都把自己有多累挂在嘴边，也可以给自己一个机会，让这一天成为独一无二的一天。因为有一件事是板上钉钉的：这一天一定会过去！不管你睡得多还是少。宝宝出生以后，你也可以这样给自己加油打气！

亲爱的哥哥 / 亲爱的姐姐：

我，你的小弟弟 / 小妹妹，又在妈妈的肚子里给你写信了。这已经是第 20 封信了，上半场已经过去了。我说的可不是足球比赛哦，而是我住在妈妈肚子里的时间。看呀，我已经长得和梨子一样大了呢！

今天我想问问你，你睡得香不香。

睡得香就是，很快就睡着了，而且一觉睡到大天亮，夜里一次都没醒。那么早上你肯定精神极了。

你要知道，我在妈妈肚子里还没有真正的时间观念。

我还不知道什么时候该上床睡觉，也不知道什么时候该睡醒起床。可我还是已经有了自己的睡眠节奏。

有时候我精神特别好，非常活跃，然后就能休息得很好。想象一下吧，我都已经找到自己最舒服的睡觉姿势了。我最喜欢在睡觉的时候用下巴贴住前胸。在妈妈的肚子里，这么睡可舒服了。你也试一下吧！感觉怎么样？

我写累了。从妈妈的肚子里向你道晚安！

你的小弟弟/小妹妹

另：你知道吗？小宝宝出生以后一天中的大部分时间都在睡觉，可以一天睡16个小时！我刚生下来的时候可是一个地地道道的瞌睡虫呢。但愿我睡觉的时候不会打呼噜，不然我除了是"瞌睡虫"，还成了"呼噜虫"了！

⬤ 宝宝出生以后，要过一段时间才会意识到有白天和晚上之分。一开始宝宝是不知道的。你的小弟弟/小妹妹也许会把晚上当成白天。也就是说，晚上该上床睡觉的时候，宝宝还醒着想要玩。你可以问问爸爸妈妈，你小时候是不是也是这样，你是从一出生就可以睡整觉呢，还是过了一段时间以后才能好好睡的呢？

小宝宝必须学会入睡，因为睡觉也意味着信任。小宝宝还不知道，他/她醒来的时候，妈妈、爸爸还有你是不是还会陪在他/她身边。

你想不想教他/她快点学会睡觉呢？那就和妈妈或者爸爸一起

给你的小弟弟 / 小妹妹一直唱同一首摇篮曲吧，唱的时候还要轻轻地摇晃他 / 她。这样你的小弟弟 / 小妹妹就会觉得很舒服、很安全。

你还可以现在就给肚子里的宝宝唱歌，因为他 / 她在妈妈的肚子里已经可以听清楚你的歌声了。而且，你知道吗？小宝宝出生以后，还能记得你这时候给他 / 她唱的歌哟！

凡是他 / 她在妈妈肚子里的时候就已经接触过的东西，都会给他 / 她一种亲切的感觉，好像在告诉他 / 她，一切都好，他 / 她可以像在妈妈肚子里一样安安心心地睡觉啦。

你现在就可以试着唱一唱啦！

你和小弟弟 / 小妹妹不一样，你肯定已经知道什么时候该上床睡觉了。我们每个人需要的睡眠时长都不一样。有些人一年里三分之一的时间都在睡觉。他们玩耍，吃饭，工作，还要睡长长的觉。你可以在这里写给小弟弟 / 小妹妹看，你属于哪种睡眠类型！

你什么时候上床睡觉？什么时候起床？你喜欢睡懒觉还是早早起床？

_____

_____

你肯定有一些让自己睡得更舒服的睡眠小习惯吧，也许你喜欢仰着睡，或者趴着睡。你最喜欢哪种睡姿？

_____

_____

还有什么可以帮助你入睡？爸爸妈妈给你读睡前故事或者抚摸你，会让你睡得更快吗？还是你会听着有声书睡觉呢？

_____

_____

人有不同的睡眠阶段，在一个晚上的睡眠深度也有深有浅。在其中一个阶段里，闭上的眼睛甚至会迅速地转来转去。这一般是在你做梦的时候。醒来以前，你一晚上可以做五次梦，也许是五个完全不同的梦。现在你肯定还记得自己的一些梦境。你能想起自己做过的最美的梦吗？

_____

_____

你的噩梦又是什么样的呢？

_____

_____

想着美好的事情，你能更快入睡。上床睡觉前问一问自己，今天有什么值得感恩的事情，有什么好事情。然后，一下子，你就睡着了，而且一定会做个好梦的！

第 21 封信

你相信吗？我已经会翻跟头了！

或许你已经感受到了宝宝的第一次胎动。多美好呀！他／她正在勤奋地锻炼自己的肌肉。对你自己来说，动静结合也非常重要。比如，运动可以促进你的血液循环，这可以预防水肿和其他孕期的不良反应。

也许今天你可以和大宝一起散散步，呼吸一下新鲜空气。这样你、大宝还有小宝宝就都可以运动一下了。散步回来以后，你们可以一起把腿搭在高处，放松一下。

亲爱的哥哥／亲爱的姐姐：

你肯定已经会翻跟头了，是不是？是前滚翻还是后滚翻呀？要不要我告诉你一个秘密？要是你已经会了，那我们两个就都会翻跟头了。没错，没想到吧，我在妈妈的肚子里就已经会翻跟头了！一个完完整整的跟头，全身都转个圈儿那种。妈妈子宫里的位置正好够我翻跟头。

我喜欢动来动去，这样就不会无聊了。妈妈肯定也不会觉得无聊。我轻轻地撞到她的时候，她有时候肯定会想，我是个小小体操运动员呢。

我想和你说一说我特别喜欢的一个动作。你知道是什么吗？我很好奇你能不能想得到。我已经可以摇动我小小的脚指头了，这让我自豪极了。有时候我什么都不干，就摇来摇去自己的脚指头。这是个好玩儿的游戏，因为妈妈的肚子里没有玩具玩。我现在就在摇脚指头呢。以后咱们一起摇脚指头玩怎么样？说不定妈妈和爸爸也会加入我们呢！

从妈妈的肚子里致以亲切的问候和大大的拥抱。

你的小弟弟 / 小妹妹

你知道吗，狗也会翻跟头？现在轮到你了，翻个跟头试一试吧！不过注意：翻跟头需要柔软的垫子和足够大的场地。你会往前翻和往后翻吗？

你的小弟弟 / 小妹妹的第一次运动很不显眼，只能说是抽动了一下。妈妈根本就感觉不到他 / 她在动，因为宝宝那时还太小。现在他 / 她已经长大了不少，一直在学习运动，也一直在勤奋地练习。

宝宝的胳膊和腿刚刚长出来的时候，看起来就像小小的船桨，宝宝就用这样的胳膊和腿在妈妈的肚子里游来游去，好像世界冠军一样。现在他 / 她的胳膊和腿已经和你的一样了，只是要小得多。在这段时间里，宝宝已经长大了很多，不时会撞上妈妈的肚皮。这时候妈妈就有感觉了。宝宝第一次撞到妈妈的时候，妈妈一定很激动、很幸福。也许她和你或者爸爸讲过这件事吧。

你可以想象一下，有一片羽毛轻轻拂过你的皮肤。是不是有点痒痒？妈妈感觉到的头几次胎动就是这样。等宝宝越长越大，这种感觉也会越来越强烈。到时候你肯定能从妈妈的肚皮上看见他 / 她在练体操。妈妈的肚皮会神奇地变形，有时候还有地方会鼓出来。把手放在妈妈的肚子上，也许你就能摸到你的小弟弟 / 小妹妹在动。

第 22 封信
我会眨眼啦!

闭上眼睛,用心体会一下宝宝在你肚子里的感觉。睁开眼,你有什么感觉?你看见了什么样的色彩?什么样的形状?你在家里有什么新发现?请利用这片刻的时间探索你腹中的宝宝能够用眼睛感知到的一切,你会感到和他/她变得更加亲密。也许你还可以和大宝一起做这项"交换感受"的实验。大宝以为肚子里的宝宝能看见什么东西呢?

亲爱的哥哥/亲爱的姐姐:

咱们一起玩个游戏好不好?这个游戏叫"我在看你没看见的东西"(一种儿童游戏,游戏参与者围坐一圈,其中一人说"我在看你没看见的东西",然后用一句话形容该物品,比如"它是绿色的",其他人轮流猜测这是什么东西。猜中者继续说"我在看你没看见的东西"。——译者注)。

这回我简直等不及要给你写信了。我这里发生了一件特别的事。今天我真的可以把眼睛睁开了。

最初,我压根儿就没有眼睛。我的眼睛可是过了好久才长出来的呢。然后我又好久都没办法睁开眼皮。我是慢慢才学会眨眼的。你会眨眼吗?眨眼差不多就是不停地睁开眼睛又立马闭上。

一开始我觉得眨眼好难。不过学眨眼很有意思，因为我知道了，看见东西是一种什么样的感觉。所以我憋足了劲儿，练了好多好多次。

想想吧，现在我连自己的小手和小脚都能看见了。我一低头看向自己的小身体，就发现了自己的小肚子。我还看到了连接我和妈妈的脐带呢。

哦，我好期待等我长大了，和你一起去探索和发现啊。说不定咱们还可以一起搭一个"小山洞"，然后打着手电筒进去探险呢。

或者我们可以一起玩手影游戏。你还想到了别的什么好玩的？

从妈妈的肚子里给你一个亲切的吻，盼着下次给你写信。

你的小弟弟／小妹妹

● 也许你愿意和妈妈或者爸爸玩一玩眨眼游戏。你们互相看着对方的眼睛，别眨眼，看看能坚持多久。这个游戏很有趣，而且特别搞笑。

● 你的小弟弟／小妹妹的眼睛长出来以前，他／她的周围一片漆黑，就好像你把眼睛闭上的时候看到的一样。不过现在小宝宝已经可以睁开眼睛，左看看，右看看，看看妈妈肚子里是什么样的了。

小宝宝现在也能辨认出明亮和昏暗的区别了。也许现在你的四周就像在太阳底下那么明亮。妈妈的肚子里可没这么亮。不过你可以给宝宝照明。有没有手电筒？把手电筒放在妈妈的肚皮上，把它打开又关上。宝宝很喜欢光线的明暗变化。你们现在就可以一起玩了。是不是很棒？

要是你想知道，你的小弟弟／小妹妹到底都看到了什么，就试着把双手蒙在眼睛上，然后把眼睛睁开。你看得见吗？眼前是不是很黑？是不是有的地方有一点红色？

你看到的红色，是流过你的手指的血液。宝宝看到的就和这一样。他／她被妈妈的子宫包裹住了，子宫外面还有妈妈的皮肤。子宫和皮肤里都有妈妈的血液流过。所以宝宝四周都是温馨的红色。

你想不想演一演手影戏？你可以编个故事。很简单的，用不着很多道具。你已经有手电筒了，可以用它来做光源。在黑暗的房间里表演手影戏效果最好。也许你可以把窗帘拉上，或者等晚上天黑以后再玩。接着你只需要一片空白的墙壁做你的幕布。还有一个重要的东西：你的手！然后就可以开始啦。

你的故事里有小鸟吗？大拇指交叉，小鸟的头就有了。另外四根指头就是一扇翅膀。把手指紧紧并在一起，上下挥动，小鸟就可以起飞了。是不是很棒？

说不定你还想表演蜗牛呢。摊开右手手掌，就好像你要托住一颗玻璃球一样，这就是蜗牛的身体了。你的指尖是向右的。如果你玩手影戏已经有些经验了，手指可以向上微微翘起。左手握拳，这就是蜗牛壳。把握拳的左手放到摊平的右手手掌上。可以开始爬了吗？试一试吧。

你还记得吗？骆驼可以在 15 分钟里喝掉 200 升水。你可以用自己的手指召唤出一只活蹦乱跳的骆驼来。你只用倒扣手掌，把大拇指收进掌心里，中指、无名指和小指并拢然后微微向上拱，再把食指弯曲成半圆形，让它从中指上面冒出来——骆驼就做好啦！你还可以用另外一只手再做一只骆驼，这样你就有了一只穿越沙漠的驼队了。

第 23 封信

期待看到缤纷的世界——视觉

视觉的发育需要经验和练习。所以宝宝刚出生的时候还看不清东西。要等到满一周岁的时候，他／她的视力才会接近成人水平。小宝宝什么都看不清，除了吃奶的时候妈妈的脸。不过宝宝一开始就喜欢看红、黑、白的色彩对比和形状清晰的物体，因为这些都是他／她在妈妈的肚子里就已经见过的东西。你们可以全家一起动手，给小宝宝做一件帮助他／她练习看东西的小挂件。

亲爱的哥哥／亲爱的姐姐：

上一封信里我已经告诉过你，我会眨眼了。想想吧，我很快就要有眼睫毛了。眼睫毛和眼皮可以很好地保护眼睛，不让异物进眼。我的眼泪也有这个作用。你的眼睛里也进过什么东西吗？要是有东西进了眼睛，你是不是会流眼泪？没错，眼泪就是要把本来不属于眼睛的东西给冲走。这样很方便。

啊，我好想知道妈妈肚子外面的世界是什么样的呀！我现在连想象都想象不出来呢。那里肯定有好多缤纷的色彩，还有好看的东西和玩具。最重要的是，那时候我就可以看见你、妈妈还有爸爸了。我还得等上一段时间呢。也许你有兴趣给我画一画你看到的世界？或者你用你最喜欢的颜色画一幅画。我会很高兴的。

写完信以后我要花点时间锻炼一下眼睛，继续练习看东西。我现在正在向你眨眼呢。现在我已经可以很熟练地眨眼了！

从妈妈肚子里致以亲切的问候。

你的小弟弟 / 小妹妹

另：你知道吗？人在打喷嚏的时候不能睁着眼。下次你打喷嚏的时候睁眼试试。

你有没有仔细端详过自己的眼睛？如果没有的话，现在就好好观察一下吧。你可以和爸爸妈妈一起去浴室照照镜子，认真地观察一下自己的眼睛。

你看见自己眼睛里有颜色的部分了吗？这是虹膜。虹膜可以有各种各样的颜色，蓝色的，绿色的，还有银色和琥珀色的。想象一下，有的虹膜里可以同时有好几种颜色。不过世界上大部分人的虹膜都是棕色的。

你的眼睛是什么颜色的？妈妈和爸爸的眼睛又是什么颜色的？

⬤ 你肯定问过这样的问题，眼睛到底是怎么看见东西的。你可以这么想，光线会落到你周围的所有物体上。这些物体会吸收一部分光线，不过会把一部分光线又反射出去。正是这些被反射出去的光线穿过了透明的角膜，进入了你的眼睛。

你的眼睛就像这幅图上的眼睛一样，眼睛周围和眼睛里面有很多配件！你可以把这只眼睛的虹膜涂成你的眼睛的颜色。

虹膜包围着瞳孔。虹膜就是瞳孔周围一圈有颜色的部分。虹膜可以扩大，也可以缩小。这样它可以控制进入眼睛的光线数量。如果太阳光很强，你的瞳孔就会缩小，不会让这么多的太阳光全都跑进眼睛里去。要是周围很暗呢，你的瞳孔又会变大。

瞳孔后面是晶状体。它可以聚合或者分散进入眼睛的光线。你看到的东西其实是倒过来的。很奇怪吧？到这里为止，你看到的东西确实是倒的。但是你不知道，因为你的大脑不知道。

视网膜会收集所有信息，然后改变这种状况。视网膜上有数以亿计的感光细胞。人们又叫它们视杆细胞和视锥细胞，因为它们的形状非常有趣。通过视锥细胞，你可以辨别出不同的颜色。它们还能让你看得清楚，而不是模模糊糊的一片。

视杆细胞能让你知道，你看到的物体是明还是暗。天蒙蒙亮或者黑漆漆，看不清东西的时候，你会尤其需要它们的。你知道吗？人可以在黑暗中看到几十米远的物体（发光物体除外），狗只能看见6米远的东西，而猫头鹰甚至可以看到两公里远。

视杆细胞和视锥细胞搜集的信息会被继续传递给视神经。它会把信号传导至大脑。大脑会处理这些信息，现在你才能"看见"周围的图像。现在你知道了，你和坐在你身边的爸爸妈妈是怎么看见东西的。

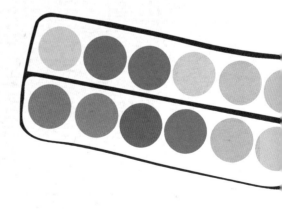

第 24 封信
我有耳朵啦!

闭上眼睛,静静感受一下你身体的内部。假如你变成了正在你肚子里的宝宝,你会有什么感觉? 你会发现自己取得了很大的进步,你会发现自己突然可以听得见了。这些新的感觉令你激动不已。你感受到了什么? 你会听见什么声音? 它们来自哪里? 你能听出谁的声音? 花一点时间探索一下,你的宝宝现在能用耳朵感受到什么。在这个过程中,你会觉得自己和宝宝特别亲密。

亲爱的哥哥 / 亲爱的姐姐:

今天我想写信告诉你,我在妈妈的肚子里能听见什么。

我还很小很小的时候,我的耳朵几乎长在脸的正中间。是不是很逗? 过了一段时间就不是这样的了。现在它们的位置已经和你耳朵的位置差不多了,一只耳朵在我脑袋的左边,另一只在右边。

现在我的耳朵已经发育完全了,但凡听见一点响动,我都会很高兴的。你知道我特别喜欢听什么吗? 妈妈说话或者唱歌的声音。她的声音真动听啊,你是不是也这么觉得? 想象一下,你的声音我也能听见。我耳朵里你的声音有点瓮声瓮气的,因为我还在妈妈肚子里,周围都是羊水。你可以这么想,就好像是你在浴缸里把头埋在水下说话时听到的声音一样。不过我还是能够认出你和爸爸的声音。我好喜欢听你们和我说话呀。

你是不是也想听到我的声音呢？可惜我刚从妈妈肚子里出来的时候还不会说话。不过我很快就能学会发出响声，学会哈哈地笑，咯咯地笑了，那时候你当然就能听见我的声音啦。要是我不舒服了，或者饿了渴了，我肯定会哇哇哭或者嗷嗷叫的。那样的话，也许你可以安慰安慰我，或者给我唱首歌。就像你现在有时候会给我唱歌一样。

我已经盼着下回给你写信了。不久之后见。

你的小弟弟／小妹妹

另：虽然大象有两只巨大的耳朵，但它还要使用另外一个听觉器官，那就是它的脚！

● 宝宝住的地方，也就是妈妈的肚子里面，有各种各样的声音。你可以把耳朵贴在妈妈胸前。听见什么了吗？有没有"扑通扑通"的声音？你的小弟弟／小妹妹也能听见这个"扑通扑通"的声音，那是妈妈的心跳声。这样宝宝就能察觉到妈妈的情绪是不是紧张了，因为妈妈在紧张的时候心跳会变得很快。妈妈饿了的时候，宝宝也听得见，因为妈妈的肚子会"咕咕"叫。有时候还叫得很大声呢。

来研究研究声音吧。现在你能从周围听见多少种声音？你可以闭上眼睛。这样说不定你可以听到更多的声音。也许你想和宝宝说一说，你从周围都听到了什么声音。你说话的时候，他／她在妈妈肚子里就能听见你的声音！想象一下吧，他／她出生的时候，你的声音对他／她来说已经很熟悉了，他／她能够认出你的声音来。

做完这个倾听小实验以后，也许你会想要自己制作一张声音地图。你可以拿出一张白纸，在上面画出你听到的声音，也可以直接把这些声音写下来。你可以特别留意，比方说，这个声音是哪个方向传过来的，它离你是近还是远，音量是大还是小。这样你刚刚听到的声音就有了完整的形象。你还可以再做一次倾听实验，换一个日子，站在同样的地方听。这一回你又听见了什么？有没有你之前听到过的声音？有没有出现新的声音？把新声音也记录在你的声音地图上吧。

你知道吗？你的耳朵里有一枚贝壳、一只蜗牛、一张毛皮，甚至还有一把锤子！别怕，它们当然不是真东西，你的耳朵里也没有小动物。

你的耳郭的形状好像贝壳，它位于耳朵外部，好像一个汇集各种声音与旋律，然后把它们导入耳朵内部的大喇叭。声音和旋律不是别的，只是空气的振荡。这种振荡通过你的耳朵传到了你的鼓膜。鼓膜之所以叫这个名字，是因为它是一层紧绷的薄膜，一旦有声音和旋律传入，它就开始振荡，好像鼓一样。

你还记得我们上次玩的手影游戏吗？那时候你用自己的手做了一只蜗牛。你现在还会不会做？

鼓膜会把空气的振荡传到三块听小骨：锤骨、砧骨和镫骨。这三块小骨头又把振荡传导至耳蜗里。耳蜗就是我们真正的听觉器官。这里分布着很多很多小毛毛，它们会收集有关声音与旋律的信息，然后把这些信息传给听觉神经。听觉神经又把信息输送到我们的大脑。

我们需要一枚贝壳、一张毛皮、一把锤子和一只蜗牛，才能让大脑判断出自己刚刚听到了什么声音，是说话声还是音乐声，是砰砰响还是悄悄话。有些人能够听见四十万种声音，而且还能辨认出声音的来源和方向。我们的耳朵真是身怀多种绝技。

＊

第 25 封信
臭屁和香香——嗅觉与味觉

嗅觉，是最直接的人类感官。与视觉信号和听觉信号不同，我们闻到了什么，不是由大脑皮层处理，而是像情绪一样，由大脑边缘系统处理。正因为如此，嗅觉在分娩中的作用十分重要。生产时，你的嗅觉会变得更加敏锐。你可以利用这一点，比如借助芬芳精油让自己放松下来。

嗅觉对新生儿来说也很重要，因为神奇的是，宝宝生下来的时候嗅觉已经发育完全了。只要把刚生下来的宝贝放在你的腹部，他／她就会使劲蹬着小腿，去够你的乳头。人们把这种不可思议的现象叫做"寻乳"。它再一次体现了，我们的宝宝有多么能干。宝宝在寻乳过程中受到气味指引，因为你的乳房会分泌一种几乎和羊水的气味相同的液体。跟着鼻子走吧！

亲爱的哥哥／亲爱的姐姐：

想象一下，现在我的舌头上开始长味蕾了。现在我终于可以学习尝味道了。当然啦，妈妈的肚子里也没有太多选择。不过我已经开始吞羊水了。羊水有种很特别的味道，有点甜。我当然还要用味蕾尝一尝我的手指是什么味道，我正在吮吸它呢。哎呀，待在这儿从来都不会无聊！

话虽然这么说，我还是很想尝一尝其他的味道，闻一闻别的气味。我还要在妈妈的肚子里待四个月。之后你就可以指给我看，哪些东西是什么味道，你最喜欢吃什么了。我刚出生的时候肯定还吃不了一整盘番茄酱意大利面。不过等我几个月大的时候，你可以把手指浸在酱里，然后送到我面前。我会舔舔你手上的酱汁，逐渐学会品尝出不同的味道。我好期待啊！

从妈妈的肚子里使劲亲亲你。

你的小弟弟／小妹妹

另：猜一猜，哪种动物的鼻子最灵？小狗？小猪？这两种小动物的鼻子都非常灵，不过鼻子最灵的却是一种鱼——欧洲鳗鲡。谁能想得到呢！

通过舌头上的味蕾，你能尝到味道，可以分辨出五种味型。你知道是哪几种味型吗？

对，没错，有咸、甜、酸、苦，另外还有鲜。你可能要问了："鲜味到底是什么？"这是一种既不是咸或甜，也不是酸或苦的味道。肉类和鱼类就有鲜味。"鲜"的意思是美味。

"呵，什么这么臭？""啧啧啧，柠檬太酸了！"你肯定在哪里听过这两句话，是不是？现在你可以开启一次味道和气味的探索之旅。因为，你要知道，这两种感官的作用机制很相似，而且相互配合。

你的鼻子里有好多嗅觉细胞。当你吸入的空气中的香味分子到达鼻腔后，嗅觉细胞就会做出反应。想象一下，你的鼻子可以分辨出一万种不同的气味。一万就是在"1"后面加四个"0"，是不是很多？你可以写一写：

1 . . . .

你站在自家走廊上，你的嗅觉细胞就能告诉你爸爸妈妈今天做了你最爱吃的菜。即使把眼睛蒙上，你也能知道自己站在猪圈里，或者有人在你身边放了个屁。

而你的嘴里呢，住着好多好多的味蕾，它们会对味道做出反应。它们主要在你的舌头上，有的味蕾也会分布在口腔里的其他区域。

　　嗅觉和味觉两种感官会相互配合。设想一下，如果没有嗅觉，我们就不能尝出这么多味道。这也是为什么你感冒或者鼻塞的时候，会感觉食物味道变得怪怪的。

　　下次吃饭的时候你可以试着捏住鼻子，你会发现菜的味道变淡了很多。你甚至会喜欢上吃苦瓜的！

Pffffffff

第 26 封信
硬骨头

骨骼的硬度超乎想象。一块火柴盒大小的骨头可以承受九辆小汽车的重量。宝宝的骨骼和软骨正在发育，每天都需要大量的钙。这些钙来源于你摄入的食物，不过前提是你的膳食营养搭配均衡。奶制品是理想的钙质来源，你们也可以在麦片里加一些无花果干。这样可以换换口味，而且无花果干富含钙质，宝宝肯定也会很爱吃的。

亲爱的哥哥 / 亲爱的姐姐：

还记得几周以前，我跟你说我会翻跟头的事吗？我们的身体真是适合运动的杰作。你要知道，我能当上小小体操运动员，是因为我的骨头渐渐长硬了。一开始它们就像颤悠悠的布丁那么软，不过现在我的骨头已经架得住我这副小身板儿了。

想象一下吧，要是没有骨头，你也会像你乱扔的袜子一样，软塌塌地扑在地上的。要把一块块骨头组装到一起，需要连接它们的合页。你可以把骨头想象成一扇门，要让这扇门能够打开和关上，就必须在上面装上合页。我们的骨头也是这样，只不过大家把骨头之间的合页叫做关节。关节让骨头可以活动。

现在你已经对我们的骨头和骨架有一些了解了。今天就写到这里吧。我已经盼着下周给你写信了呢。

　　从妈妈的肚子里送你一个大大的吻。

你的小弟弟 / 小妹妹

虽然长颈鹿的脖子很长很长，但是它的脖子里只有七块骨头。和我们人类脖子里的骨头一样多！是不是很有趣？不过长颈鹿的单块颈椎当然比我们的要长很多。我们的第一节颈椎叫"寰椎"。它当然不是一个圆环啦，而是承托着你整个脑袋的一块骨骼。是不是很厉害？

　　要是你微微低下头，仔细摸一摸你的后颈，就会摸到一块厚厚的、凸起的骨头。这就是最后一节颈椎。你还可以找一找爸爸妈妈颈后的这块骨头。

　　这七节颈椎特别灵活，这样你的头就可以自如地转来转去了。点点头，就好像要说"对"一样。现在摇摇头，好像说"不"的时候一样。很灵活，是不是？多亏了这七节颈椎，你才可以这样做！

骨骼是身体的支架，它支撑着你的身体，使其保持稳定。它还能保护你的内脏，比如肺和心脏。你的大脑也藏在一块特殊的骨骼下面——颅骨。

不过你的小弟弟/小妹妹的颅骨和我们的还不一样，它还没有合拢。因为他/她出生的时候，他/她必须通过妈妈的产道才能来到这个世界。你可以把这条产道想象成一条十分狭窄的通道。为了让宝宝顺利通过这条通道，他/她的颅骨在生产过程中是可以交叠起来的。这个特点很有好处，因为这样一来，宝宝的头就没那么宽了，更容易被妈妈生出来。

猜一猜，宝宝刚生下来的时候身上有多少块骨头？刚出生的时候，他/她的小身板上足足有305块呢！爸爸妈妈的骨头比宝宝的要少上约100块。别害怕，这些少了的骨头没有凭空消失，也不是被细菌给吃掉了。其中的奥秘是，有些骨头随着时间的推移合并到一起去了。

人体最小的骨头在我们的耳朵里，叫镫骨。它真的非常小，只有三毫米长，大概只有大头针的针尖那么大。人体最大的骨头是我们的股骨。等我们长大了，这块骨头大约有40厘米长。宝宝的股骨要长到这么长，还要过好久呢。你也还要等上一阵呢，是不是？

还有，如果骨折了也不用太担心。骨头会重新合拢的，只不过需要一点时间，大概10~12周。骨折的部位通常会被打上石膏，让那里的骨头可以好好休息一下，早日愈合。你打过石膏吗？你也可以问一问爸爸妈妈有没有骨折过。

你知道构成骨骼的最重要的物质是什么吗？要想让你的骨头又硬又壮，就要给它们一种特殊的物质——钙。你爱吃菠菜？那太好了，因为菠菜里有丰富的钙质。不过如果你不是很爱吃菠菜也不要紧，那就试试这一道美味的果蔬汁吧。你需要的原料有：

- 2 把嫩菠菜（洗净，约 30 克）
- 2 个大橙子（200 克橙汁加果肉）
- 2 个熟透的香蕉（约 200 克）
- 适量清水

将嫩菠菜、橙汁和香蕉放入搅拌机里，开最强的一档，把它们打成奶油状的糊糊。你也可以按照自己的喜好往里面加水。

你还可以事先把香蕉切成片放入冰箱冷冻室。这样，这杯果蔬汁不仅富含钙质，而且还是炎炎夏日里的清凉饮料！

第 27 封信
深吸一口气

现在宝宝的肺和它的配件已经长成了，不过还要过一段时间，宝宝才能自己呼吸。宝宝的肺要到孕期后三分之一才发育成熟，因为宝宝的肺部需要一种表面活性物质。这种物质在孕 24 周时开始产生，但是要到孕 35 周才能达到足够的数量。这时宝宝的肺就发育成熟了。这种物质可以让肺泡表面变得松弛，从而使肺部扩张，行使它的职能。

亲爱的哥哥 / 亲爱的姐姐：

看一看你周围。你周围全都是空气，只是你看不见它。不过如果你把手掌放在鼻子前面，就能感觉到一股微弱的、暖暖的气流。这就是你呼出来的空气，它通过呼气离开了你的身体。可惜妈妈的肚子里没有空气。我周围只有温暖的羊水。所以妈妈一个人要为两个人呼吸。她通过脐带给我送来重要的氧气，我需要氧气才能活着然后长大。想象一下吧，现在我也有完整的肺了。我的肺和你的一样，只是比你的小很多。等我出生的时候，我的第一次吸气会很辛苦的。你吹过气球没有？我第一次吸气的时候，就会像你吹气球那样用力。不过我可以的。你刚刚出生的时候也做到了。

我无比期待见到你、妈妈和爸爸。想想吧，咱们不用等太久了。到时候我们可以玩憋气比赛。你能憋气多久？妈妈肯定可以帮你计时，你们可以把你的憋气秒数记下来。哦，我好想知道你能憋气多久啊！

　　从妈妈的肚子里给你一个大大的拥抱。

你的小弟弟／小妹妹

另：马只能用鼻孔呼吸，不能用嘴呼吸。你能用嘴呼吸吗？

　● 你可能一般不会注意到自己在呼吸。这是一个下意识的动作。在一分钟里，你大概会吸气和呼气数十次。你呼吸的时候用不着思考，是不是很好？

　　你可以把手放在你自己或者妈妈的肚子上。有没有发现你的肚子或者妈妈的肚子在一起一伏？这个方法可以让你触摸到呼吸。

　● 想不想知道呼吸是怎么进行的？我们用肺吸收空气中的氧气。这个词你已经听到过好几回了，它对生命来说极其重要。氧气是空气中很小、很小的分子。你吸气的时候，空气就通过你的气管进入了你的肺部。

　　肺是藏在你胸腔里的器官。你知道吗？你的胸腔里有一对"翅膀"，就是你的两片肺叶。虽然它们不能让你飞起来，但是它们牵扯着许多纵横交织的更细的管道，人们管这些管道叫支气管。支气管像树枝一样有很多分枝。每条支气管分枝的末端都是一些细小的泡泡，叫肺泡。你可以把它们想象成一串串小葡萄。你大

约有 3 亿个肺泡。3 亿就是 "3" 后面有 8 个零。把这个大得不得了的数字写在下面的横线上吧:

3

你可能要问了，长这么多肺泡有什么用。它们特别、特别重要，因为氧气就是从这里进入你的血液，然后才能被输送到全身。你运动的时候需要氧气，思考的时候需要氧气，长高长大的时候也需要氧气。很多生命必需的环节都需要氧气。

你的身体在呼吸过程中还会产生二氧化碳和水。这些是你的身体不需要的废料。它们都会被运到你的肺里，然后在你呼气的时候被肺泡处理掉。你感觉到的呼出来的暖暖空气里，就有很多二氧化碳和水。你也能摸到自己呼出来的气里的水，因为如果你对着手指呼几口气，手指就会被呼出来的水润湿。现在就来试一试吧!

这些内容你都能记得住吗? 那你肯定想玩一玩问答游戏! 别担心，答案就在下一页，这样你就可以看看自己答对没有啦! 如果你有问题答不上来，就把文章再读一遍吧!

知识问答

1 什么东西在你周围，但是你看不见它？

2 妈妈肚子里的宝宝周围是什么？

3 马可以用嘴呼吸吗？

4 你一分钟大概呼吸多少次？

5 空气通过什么管道进入你的肺部？

6 支气管末端的泡泡叫什么？

7 你还记得自己大概有多少个肺泡吗？

太棒啦！现在你是呼吸小专家啦！

5 气管 **6** 肺泡 **7** 大约 3 亿个

1 空气 **2** 羊水 **3** 不能 **4** 二十次

答案：

109

第 28 封信

在妇产科医生那里会做些什么

现在你已经到了孕期的后三分之一。多美好呀！现在我们可以用一种 1895 年发明的皮纳德角来听宝宝的心跳声了。找到正确的放皮纳德角的位置需要经验。最好是把它放在宝宝的后背上。最早从孕 18 周开始就可以用皮纳德角了，它是超声波检测的良好替代品。用这种听诊器听心跳声很有意思。问一问你的助产士，她有没有用过皮纳德角寻找你的大宝的心跳声。

亲爱的哥哥 / 亲爱的姐姐：

今天我很激动，一定要写信给你。因为妈妈可能要去妇产科医生那里做产检了。不用担心，妈妈没有生病。医生只是要看看我的情况怎么样。或许你愿意陪妈妈一起去一次。

要不要我告诉你，妈妈在妇产科医生那里会做些什么？妈妈会舒舒服服地躺在一张床上，然后把上衣掀开，方便医生检查她的肚子。接着医生会在妈妈的肚子上涂一层透明果冻一样的东西，然后就可以开始一项叫做"超声波"的特别检查了。

做超声波检查的时候，医生会用一个有点像甲壳虫触角的小小仪器在妈妈的肚皮上滑来滑去。用这个仪器就能透过妈妈的肚皮，直接看到子宫里的情景了。

不可思议吧?

然后我的图像就会出现在一个小小的显示器上。没错,你真的可以看见我!你可以看到我的脑袋、身子、鼻子、嘴巴、脖子、肚子、胳膊和腿、手指和脚趾。全都看得见。是不是有趣极了?而且你们还可以得到一张我的照片作为纪念。我看起来是不是很可爱?

好了,现在你更能想象得到我长什么样,在妈妈肚子里都在干什么了,我今天也该停笔了。

希望你喜欢去妇产科医生那里,抱抱你又亲亲你!

你的小弟弟 / 小妹妹

要是你陪着妈妈去妇产科医生那里,看着妈妈做超声波检查,你就能看见宝宝在时不时地动来动去。因为医生检查妈妈的肚子时,宝宝通常都醒着。没准儿宝宝还会给你表演一套体操动作,把膝盖蜷曲到鼻子前呢。你能做这个动作吗?试一试吧!

不过有时候你的小弟弟 / 小妹妹正在睡觉,不怎么动弹。要是运气够好,你还能看到宝宝打嗝儿呢。

如果你在显示屏里看到了一条管子一样的东西,那就是你已经听说过好多回的脐带。也许你会看见小家伙正用手指抓着脐带玩儿呢。

产检的时候你还能观察到一个特别的东西,那就是宝宝的心跳。医生会让宝宝的心跳在超声波设备上显示出来。现在你可以一眼看见宝宝的小心脏是怎样跳动的了。是不是很快？等妈妈的肚子已经变得很圆、宝宝已经长大了很多的时候，医生就会用仪器把宝宝的心跳记录下来。从仪器里会打印出一张纸来，纸上都是锯齿一样的线条。这些锯齿状线条就像秘密文字，医生可以从中读出一些信息来，可以知道你的小弟弟／小妹妹的心脏状况。

在产检的最后，妇产科医生会把他／她检测过和看到的东西都记录在一个小本子上。这个小本子就是妈妈的孕期档案。妈妈刚怀上宝宝的时候就领到了这个本子，上面有之前所有产检的结果。问一问妈妈，她怀你的时候也有一本属于你的孕期档案。你肯定想要看看它吧。

你在妇产科医生那里肯定看到了、听到了好多有意思的事情，

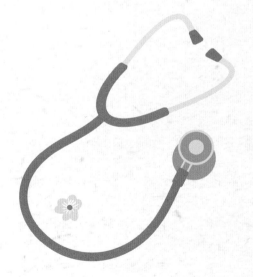

可能现在都还有点激动呢。你可以在下面的空白处做做记录，好让自己以后也能想起这特殊的时刻。爸爸妈妈肯定会帮你的！你还可以在末尾处填写你自己的"宝宝档案"！

在妇产科医生那里

我特别喜欢的是：

我记得的是：

医生做了这些检查项目：

医生允许我摸一摸妈妈肚子上的果冻：

我不明白的是：

我们的宝宝档案	小弟弟 / 小妹妹	我
身高		
体重		
心率		
头围		
大腿长		

第 29 封信

肌肉的游戏

人体的运动器官就像大自然鬼斧神工造出的机械装置，它的运动灵活程度超乎想象。由骨骼和骨架构成的人体支撑系统之所以可以运动，是因为有肌肉连接骨骼与关节，让它们可以收紧或放松。我们的很多肌肉都是成对运作的。这块肌肉绷紧缩短的时候，那块肌肉就放松了。肌肉一松一紧，精密地相互配合，骨骼就能动起来了。肌肉接收到的运动指令来自我们的大脑。子宫也是由肌肉构成的，分娩的时候也会开足马力地运动。

亲爱的哥哥／亲爱的姐姐：

今天我特别想给你写信。你还记不记得我跟你说过我的胳膊和腿？想让它们动起来，我们需要骨骼。想想吧，只为了让你迈出一步，你身上就有几十块骨头都会动起来呢。是不是很多？

为了让骨骼能动起来，我们还急需一样东西，那就是肌肉。它们被一种叫做肌腱的东西固定在骨骼和关节上，可以带动骨骼和关节。

我在妈妈肚子里练体操，这让我的肌肉也变得越来越强壮了。因为如果经常锻炼身体的话，肌肉也会跟着生长。现在我的肌肉已经强壮到可以支撑我在妈妈肚子里坐直了。想起来是不是很有意思？等我出生以后，我还得学做不少动作呢。

我还不会走，不会跳也不会爬，我也不会坐。我学做这些动作的时候你能来帮帮我吗？我已经盼着和你一起练习这些动作了！

到时候见，从妈妈肚子里使劲亲亲你。

你的小弟弟 / 小妹妹

● 你能够用脸上的肌肉表达很多种情绪。你生气了，做出愤怒的表情时，你脸上的肌肉会绷紧。你微笑的时候，脸上的肌肉会放松。所以笑一笑比发脾气更轻松。试一试吧！

可惜宝宝刚出生的时候还不会微笑，也不会大笑。他 / 她得先锻炼一下自己的面部肌肉，勤奋地练习一下才行。最好是你能经常逗一逗你的小弟弟 / 小妹妹。那样他 / 她的肌肉就会绷紧，他 / 她没长牙的小嘴很快就能回报给你最美丽的微笑了。

你知道吗？你的舌头也是一块肌肉，而且是一块非常强壮的肌肉。你不仅吃东西的时候要用到它，吞咽和说话的时候也要用到它。因为舌头也是肌肉，所以你可以像锻炼小腿肌肉一样锻炼它。

来吧，一起来练练舌头吧！现在你可以把舌头伸出来，伸得很长，然后向上，向下，向左，向右地转动。你的舌头能舔到鼻尖吗？你能把舌尖缩成尖尖的一点又放宽吗？有的人甚至可以把舌头卷成"U"形，你能吗？

你可以猜测一下，你的小弟弟／小妹妹能不能把舌头卷成"U"形，因为这个动作是学不会的。等他／她生下来以后，你们可以一起探索一下。

你也可以锻炼自己的肌肉，让它们保持强壮和健康。想不想玩一个运动游戏？你需要准备一个骰子，还要找一块空地。骰子的每个点数对应了一个你要做的体操动作。各就各位，预备——开始！

1——自己挑选一个动作，然后重复一遍

2——俯卧撑 2 个

3——下蹲 3 次

4——纵跳 4 次

5——开合跳 5 次

6——单腿跳各 6 次

真棒！你真是个运动健将！也许你已经气喘吁吁或者满头大汗了。你的肌肉刚刚肯定出色地完成了任务。闭上眼睛，深呼吸，感谢你的身体，它是多么强壮和灵活。

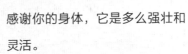

动物王国里舌头最有名的动物，就是颜色最缤纷的动物之一——变色龙。它的舌头是它自己身体的两倍长，而且还是在它的尾巴也计算在身体长度以内的情况下呢。按照这个标准，变色龙的舌头是世界上最长的舌头。想象一下，如果你的舌头也这么长，那——"咻"——你就能直接用舌头从包装袋中卷出一块薯片送进嘴里。你还可以在餐厅里用舌头偷吃邻桌的意大利面。应该很好玩吧！

第 30 封信
你的超级计算机

我们的大脑像计算机一样，需要大量的能量。让我们这台超级计算机时不时关机一下，不要总是高速运转或者处于待机状态，绝对是很有必要的。

作为必须应付日常各种挑战的妈妈，"关机充电"尤其重要。你要找到你喜欢做的事，让自己的大脑可以定期放空一下。冥想、瑜伽或者创造性活动都可以。如果你给孩子树立了一个会放松、会照顾自己的榜样，就会影响孩子们日后的生活态度。你自己有好心情，你的孩子也会有好心情！现在就来试一试让自己放松的小技巧吧，比如有意识地呼吸或者让自己的超级计算机关机一会儿！这对你肚子里的宝宝也很有好处呢。

亲爱的哥哥／亲爱的姐姐：

你知道吗？你的身体里有一台超级计算机，它的运算速度甚至比全世界所有的计算机都要快得多。它的位置很高，在你的颅骨下面。这就是你的大脑。

从妈妈怀孕开始，我的大脑一直在发育。想象一下，大脑完全发育成熟需要 25 年的时间。刚出生的时候，我的大脑还很小。妈妈的大脑能装下四个我的大脑。一开始我压根儿就不会走路。刚开始学走路的时候，我会经常摔倒，一直到走得和你一样稳为止。是我的大脑让我可以学习新的东西，而且让我不会一眨眼就把它们全忘掉。

因为每当我学会了什么新东西，我的大脑里就会发生一点变化。我的这台超级计算机会把我的人生经历储存起来，然后帮我进行学习。

我已经迫不及待地想要向你学习了！

从妈妈的肚子里给你一个拥抱。

你的小弟弟 / 小妹妹

大脑指挥着你的一举一动。它操控你的身体，调动你的肌肉，还让你能说，能听，能看，能尝味道，能感觉，能思考。

大脑这个迷人的器官组织从外面看起来灰扑扑、皱巴巴的。可要是你再仔细观察一下，就会发现这一团灰灰皱皱的东西其实堪称一台奇迹般的机器！

你知道吗？其实你的大脑 75% 是由水构成的。这下又有了一个要多喝水的重要理由。因为水喝得够多，你的这台超级计算机才能正常运转。现在就和爸爸妈妈一起喝一杯水或者一杯茶怎么样？

大脑有许多神经元，多到难以想象。你可以把这些特殊的神经细胞想象成海藻的样子。看，我在这里画了神经细胞的样子。

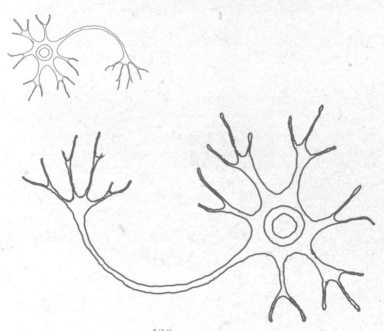

神经细胞可以用它上部的枝丫一样的结构接收信息。信息通过长长的神经轴突，又从轴突的末端被传给相邻的神经细胞。要知道，一个神经元——也就是神经细胞——和其他上千个神经元相连。于是到达大脑的信息从一个神经元被传导至另一个神经元，最后得到处理。这就好像你和很多、很多小伙伴一起玩传话游戏一样。你一开始说的那个词会被小伙伴们一个接一个地传下去，一直到离你很远的站在最后一个的小伙伴把它报出来。

你的大脑被分成了很多不同的区域，每个区域都有不同的任务。比如你用额叶思考，而用枕叶处理来自眼睛的信息。丘脑是重要的控制中心，它会把来自身体的信息分送到大脑的各个区域。大脑各部分的名字听起来是不是都有点怪？

我们的大脑还有一个神奇之处：每当我们学了什么新的东西，神经元之间就会建立起新的连接。而且如果你坚持练习的话，这些连接会变得越来越坚固！所以你很小的时候就学会了说话，而现在还在不断地学会新词。

想象一下两千瓶果汁有多少吧。每天流过你大脑的血液就大约有那么多。因为如果没有血液和由血液运输的氧气的话，你的这台超级计算机就不能运转。

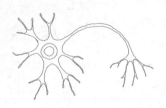

第 31 封信

妈妈爸爸很爱我们!

也许你有时会问自己,有没有足够多的爱分给好几个孩子。就算你做不到每时每刻都一碗水端平,你也是一个了不起的妈妈。你的心胸宽阔,散发着温暖,因为爱总是与你同行。

想象从你的心里牵出了一条连接着你和大宝的心弦,孩子的心上也有一条线连着你的心。然后再从你的心上牵出一条到肚子里宝宝心上的线,他 / 她的小心脏上也有一条线和你的心相连。这些线是什么样的? 是松松的、有弹性的,还是牢牢的、紧紧的? 它们是什么颜色的? 你感觉到你们之间的联结了吗? 无论发生什么,这些线都不会消失。这样的线很多,每个人都有。你们被爱联系在一起,永永远远!

亲爱的哥哥 / 亲爱的姐姐:

今天我在妈妈的肚子里待了快七个月了。你还记得我只是一个细胞的时候吗? 现在我都长这么大了。妈妈的肚子肯定已经圆得像个球了吧。

这时候我已经有人形了,不过是微缩版。我有一张脸,脸上长了嘴巴、鼻子和眼睛。我的胳膊和手指、腿和脚趾也都长出来了。我有心脏、肺和大脑。今天我想写信告诉你,我非常期待见到你! 我期待着见到妈妈和爸爸,而且特别期待和你见面！

　　你们也盼着和我见面吗？我猜妈妈、爸爸还有你已经有点兴奋了吧？说不定你们已经在想，等我出生以后睡哪里了。咱们是住同一个房间呢，还是一开始我可以和爸爸妈妈一起睡呢？还是我们全家人都睡在一张床上呢？

　　还有九周，我们就终于可以见面认识一下了。我给你画了一颗大大的爱心，因为我现在就已经很喜欢你了。

　　从妈妈的肚子里给你一个大大的拥抱。

你的小弟弟 / 小妹妹

　　也许你们已经想过，你的小弟弟 / 小妹妹出生以后需要用到哪些东西，而且已经准备了一些小宝宝的玩具了。问一问妈妈，你还是小宝宝的时候都有哪些玩具，你最爱玩哪种玩具。或许你们以后还可以一起玩这些玩具呢！

　　又或者你们已经买好了小宝宝穿的衣服。它们是不是很小？你就可以想象一下，宝宝刚生出来的时候有多小了。你以前也是这么小小的一个。也许你的小弟弟 / 小妹妹可以穿你小时候的衣服，他 / 她肯定会很喜欢的。

　　关于宝宝出生以后需要什么，你可能还有更多的想法。你也给他 / 她写一封信吧，把你想到的都写下来。因为你的小弟弟 / 小妹妹和你一样也喜欢收信！

你想得到为什么要给宝宝准备包巾吗？宝宝刚生下来的时候会常常待在包巾里面。这是因为包裹严实的包巾有点像妈妈的肚子：温暖、柔软、安静而且昏暗。

这样可以让你的小弟弟／小妹妹更好地适应这个世界。因为宝宝出生以后会觉得周围一下子变得很亮、很吵而且很冷。新生儿宝宝必须慢慢地适应环境，他／她一开始可能想要待在自己待了很久的、最熟悉的地方，也就是待在妈妈身边。妈妈肯定会经常抱着宝宝走来走去，和宝宝待在一起，因为宝宝做很多事情都需要妈妈的帮助。

不过你一点也不用担心妈妈不喜欢你了。你和你的小弟弟／小妹妹都是妈妈的孩子，她都喜欢。无论发生什么事，妈妈都是你可以信赖和依靠的人。她会和你们一起玩，给你们读故事，抱着你们，在你们难过的时候安慰你们。她还会和你们一起哈哈大笑。你们的妈妈很爱、很爱你们。

爸爸也一样。他也爱你们，不管怎么样都爱你们。你可能还记得我们在第八周一起做的蜡烛实验吧——爱不会变少，恰恰相反，爱会越来越多！

第32封信

我的胃还有很多东西要学

食物给我们提供能量。有了能量，身体才能生长，才能强壮，才能自我修复。我们从食物里获取的能量以卡路里为单位。蛋白质、脂肪、碳水化合物以及水都是食物中的营养物质，它们之间不同的组合方式决定了食物不同的卡路里含量。

比如，一个苹果有47卡路里。假如把这些卡路里用来跑步，可以跑一公里。一片面包有85卡路里，要消耗这么多卡路里需要跑两公里。一块32克重的巧克力有186卡路里，它包含的能量可以支撑我们跑完四公里。50克花生有295卡路里，对应可以跑六公里。你和孩子可以一起研究一下食物卡路里含量和跑步里程的关系，非常有趣。

亲爱的哥哥／亲爱的姐姐：

你肯定记得，我在妈妈肚子里还没有固体食物吃。不过妈妈通过脐带给我送来了好多好吃的。所以我出生的时候，我的胃还有很多不会的东西呢。一开始它得好好适应一下妈妈的奶水，或者奶瓶里的奶。

至于吞东西嘛，反正我现在都在练习吞羊水。每天的吞咽训练在我出生以后会很有帮助，因为到时候我要吞下妈妈的奶水。不然我长身体需要的宝贵营养就无法进入我的身体里去了。

　　我会在下一封信里跟你讲一讲放屁是怎么一回事，还有放屁背后的秘密。

　　到时候见，从妈妈的肚子里给你一个大大的拥抱！

你的小弟弟 / 小妹妹

　●　宝宝的肚子和胃要过好久才能接触到各种各样的物质与营养。你的小弟弟 / 小妹妹现在只接触过羊水！要让他 / 她适应吃各种各样的东西，有时候是一项艰巨的工程。

　　所以，你的小弟弟 / 小妹妹一开始可能会肚子痛或者频繁地放屁。不过这种状况会逐渐好转，因为他 / 她的胃会变得更强健。

　　你可以问问妈妈，你刚出生的时候是什么样的，胃口怎么样。

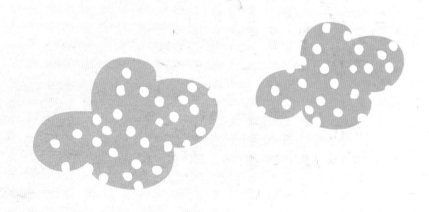

你的身体要保持健康，就需要食物。食物里的很多物质可以产生能量，促进生长，修复身体的损伤。可是你知道身体是如何从你吃下去的面包或者蔬菜里获得能量的吗？

要知道，把食物分解成你的身体需要的营养物质的过程，叫作消化。

你咬下一块面包，你的牙齿就已经开始帮助你切碎吃进嘴里的食物了，特别是在你的前后臼齿咀嚼并磨碎食物的时候。

你把食物吞下去以后，它们就会像滑滑梯一样滑进你的身体里。它的第一站是食管。它会在那里受到挤压，直至进入你的胃。这一口食物会在胃里和其他吃下去的食物一起被团成一团。你那强健的胃部肌肉会完成这项工作。这样在你的胃里就产生了一团黏稠的、浓汤一样的食物糊糊。

食物会在胃里停留三到六个小时。胃不仅会把食物揉成一堆，它的作用可不只是这个，胃还会生产所谓的消化液。它是由酸性

液体和一种叫作消化酶的极其微小的助消化物质构成的混合物。消化液会让食物分解成构成食物的营养物质。

　　你知道吗？海马和鸭嘴兽根本就没有胃！还有，你脸红的时候，你的胃壁也会变红。想想就觉得好玩，是不是？

第 33 封信

屁屁是怎么产生的

宝宝刚开始出现腹痛症状的时候，你可以尝试一下试错法。研究表明，作为母亲的你吃什么和宝宝腹痛关系不大。不过如果能让你感觉好一些的话，你可以测试一下哪种食物对你和宝宝比较好。

试着给宝宝把屎把尿吧。宝宝们天生爱干净，有时候贴着他们小屁屁的尿布反而会妨碍他们放松地"卸货"。所以有的宝宝一脱下尿布，他/她一感觉到下身暴露在新鲜空气里，就会开始尿尿。把屎把尿是一种自古有之的方法，不需要太多技巧，只需要一些观察能力和直觉。因为你的宝宝如果想尿尿或拉屎了，他/她是会想办法让你知道的。这样大宝也可以骄傲地说，他/她的小弟弟/小妹妹已经会往盆儿里尿尿拉屎了！

亲爱的哥哥/亲爱的姐姐：

你肯定是这个项目的世界冠军——放屁冠军，是不是？

我出生以后也会是一个真真正正的放屁冠军。不过一开始对我来说，要把肚子里的气排出去，还真是不太容易。屁会在我的肚子里乱窜，所以我可能会肚子痛，还会嘤嘤地哭好久。

你知道这时候什么可以帮上忙吗？那就是你在手上抹点油，然后按摩按摩我的小肚子。这一点都不难，但是可以让我很舒服。你可以在妈妈的肚子上练习一下。我在肚子里都能感觉到你的按摩，让我舒服得很呢。

从妈妈的肚子里致以亲切的问候，大大的吻。

你的小弟弟／小妹妹

⬤ 运动对肚子排气有好处，特别是当肚子里气很多，"咕噜咕噜"响的时候。也许你也有想放屁但是放不出来的经历。这时候你可以练一练骑自行车。不是让你真的去骑自行车，而是像骑自行车那样往空中蹬腿。你可以仰面平躺下去。然后向上伸出双腿，想象自己正踩着一辆空气自行车的脚踏板。你的两腿会开始打圈。做这个动作可以按摩你的肚子和肠胃，你的屁也会往肛门的方向再进一步。骑了一阵空气自行车以后，你或许就能够随着一声轻

131

轻的屁响，把废气从你的身体里排出去了。

这个动作对小宝宝同样有效。当然啦，他／她还不会自己骑空气自行车，不过你可以和爸爸妈妈一起帮他／她让小腿儿打圈。

上周你知道了，你的食物是怎么被你的臼齿磨碎，通过食管滑进胃里，然后在胃里被进一步磨碎的。不过面包的旅程还没有结束呢。因为食物糊糊会从胃里继续前往你的小肠。

你的小肠是一条很长、很长的管道。等你长大以后，它差不多有六米长，弯弯绕绕地叠在你的肚子里。不过小肠的奥秘不只在它的长度上。如果仔细观察小肠，就会发现小肠内壁上布满了微小的凸起物。这些微小的凸起物看上去好像一根根手指。大的凸起物叫肠绒毛，小的凸起物叫微肠绒毛。这些手指一样的东西可以吸收营养，然后把营养输送到血液里。是不是很神奇？

食物糊糊穿过六米长的小肠以后，就来到了稍短一些的大肠。在这里，水和其他营养物质会被进一步吸收。于是你身体需要的所有物质都从食物里进到了你的血液里，又被你的血液输送到需要营养的部位。

不过还是会剩下一些消化不了的物质。这些东西就会以臭臭的形式从你的肛门里排出去。多余的水会被攒在你的膀胱里，然后以尿尿的形式被排出体外。

那么屁是从哪里来的呢？要知道，有几百种不同的细菌以大肠里的食物残渣为食。举个例子，比如乳杆菌和链球菌。是不是很奇怪？我反正是不想叫这种名字！

不过虽然它们是细菌，但它们一点也不危险，甚至还很有用。

不过它们也会产生气体，这些气体就是被排出体外的屁。虽说大人们说起这个都不太好意思，但每个人每天都可能放屁很多次。

有时候屁挺臭的。但把这股气从肚子里排出来是好事。想象一下，假如细菌产生的所有气体都待在肚子里，我们全都会圆得像球一样，而且肚子痛得在地上打滚。

你知道吗，抹香鲸的肠子是所有动物里最长的？抹香鲸的肠子是它自己身体的 20 多倍长，它的"消化里程"足足有几百米。你得沿着足球场的长边走七趟，才能达到这个长度。

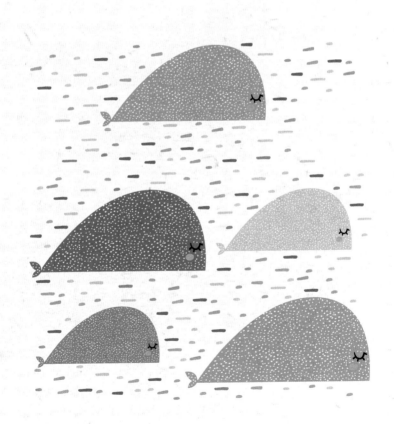

第 34 封信

收拾行李，带上……

哪些因素会让你觉得一个地方很舒服？分娩的环境很重要。这里的环境指的是任何能够让你在生产过程中感到舒适的事物。你喜欢什么东西的触感？你喜欢闻什么味道？你喜欢听什么声音？自建一个生宝宝歌单吧，让你在生孩子的时候耳朵里都是悦耳的声音。歌单里的曲目可以多种多样，舒缓的乐曲和电子音乐都可以。你生孩子的时候可能会想听一场酣畅淋漓的摇滚，也可能就想缩回自己的小世界放松下来。和大宝一起听听生宝宝歌单里的歌，问问他 / 她觉得还可以下载哪些歌。一起开心地唱歌吧！

亲爱的哥哥 / 亲爱的姐姐：

还有几周我就要出生了，你们肯定已经开始做准备和考虑各种事情了。

生宝宝的过程一开始，妈妈肯定就会和爸爸一起到医院里去，还是说我可以在家里出生？你可以问一问妈妈，到时候谁会来照顾你。有可能是爷爷奶奶、外公外婆、姨妈、姑姑、伯伯、叔叔、舅舅或者爸爸妈妈的好朋友。反正你不要担心，我出生的时候你肯定不会一个人待着的。

为了在医院里什么都不缺，妈妈可能现在就开始准备随手就能拎着出门的待产包了。

这一招很实用，因为我要出生的时候，妈妈就不必临时忙着收拾行李了。她可以很淡定地拿上待产包，一脚蹬上鞋子就出门了。

我出生的时候，会是一个非常激动人心的时刻。

我已经很期待了，盼望着和你还有妈妈、爸爸一起在人生中探险。我们会是一家人！

到时候见，从妈妈肚子里向你致以爱意！

你的小弟弟／小妹妹

妈妈会把所有会用到的东西装进行李箱，带到生宝宝的医院里，这样她在医院里也会觉得舒服。她肯定会找出舒适的衣物，比如睡衣和拖鞋。她一定还需要牙刷、牙膏、洗发水和浴室里的其他用品。也许她还会带一个笔记本或者别的可以用来写点什么的东西。

妈妈和爸爸肯定还会想到要带一些重要的证件。比如一定不能忘记的孕期档案，因为这上面有很多关于宝宝和妈妈的信息。

还有一件很重要的东西。妈妈、爸爸还有你肯定会给宝宝带上他／她从医院回家的路上要穿的衣服。小宝宝肯定也需要小袜子、连体裤，可能还要加上一床软和的婴儿被，你说呢？

也许你们已经准备好了你的小弟弟 / 小妹妹要穿戴的衣物，或者你们已经为迎接宝宝的到来进行了一次大采购。又或者你把你自己还是小婴儿时穿的衣服给了他 / 她。当然啦，现在这些衣服对你来说已经太小了。说不定妈妈还收着你的第一件小衣服呢？你以前可是穿得进去的！是不是想象不出来？不过给你的小弟弟 / 小妹妹穿就正合适，不会太大也不会太小，刚刚好！你可以和妈妈一起帮宝宝挑选他 / 她人生的第一批衣服，然后把它们装进包里。

这里有一个游戏，可以帮助你们好好想想要带什么东西，而且可以防止遗漏。这个游戏叫"收拾行李，带上……"。你们可以一起玩一次，想一想待产包里要装哪些东西。肯定很好玩！

帮妈妈收拾她的待产包时，你也可以想一想有没有什么想让妈妈带去的你的东西，让它们可以在妈妈生宝宝的时候陪伴妈妈。

也许你会想让妈妈带上你要送给宝宝的东西。你可能想画一幅画，或者让妈妈带上一个毛绒玩具。这样就会有一件你的东西陪在妈妈和小弟弟 / 小妹妹身边了。

第 35 封信
你猜我会倒立吗

你的宝宝是一个很能干的小生命，他／她有自己的行动方式。在这方面，你大可以完完全全地信任他／她，他／她倒立的时候也不例外。你要认识到，宝宝的头是他／她身上最重的部位，分娩的时候，宝宝的体位会在重力作用下旋转。有规律地放松肚皮，可以帮助宝宝完成这个动作。你的肚皮会在松弛状态下变软，这样宝宝就能有足够的空间完成倒立。很多宝宝会在夜里旋转，不是没有原因的，因为这时候妈妈的身体通常比较放松。

你可以和大宝一起画一画宝宝头朝下窝在子宫里的理想状况，平静地等待那一天。把愿望可视化，会有积极的效果哦！

亲爱的哥哥／亲爱的姐姐：

现在我已经长得和南瓜差不多大了，厉害吧？不过我在出生之前还要猛长一段时间呢。没错，我的体重甚至会翻倍哟！

想象一下，我出生的时候很可能是头朝下滑出来的。而且因为妈妈肚子里的空间变得越来越拥挤，我快要没地方练体操了，所以接下来我会经常旋转身体，还会倒立呢。我会滑向妈妈的骨盆深处，妈妈的肚子也会往下沉一点儿。

我就这么倒立着等待那一天。

你也会倒立吗？那你就可以想象我在妈妈肚子里什么样了。

我有很多休息和做梦的时间。啊，我梦到了妈妈肚子以外的世界。我梦到了爸爸、妈妈还有你。等我终于、终于可以见到你们的时候，该有多好呀。

我还要长上一阵才能到那个时候呢，从妈妈肚子里给你一个大大的吻！

你的小弟弟 / 小妹妹

如果你真的倒立了起来，就会发现：宝宝倒立的时候，他 /她手脚不像你伸得这么直。他 / 她的身体是很小、很紧凑的。他 /她的腿和胳膊会往里面缩，他 / 她的头也会往胸前缩。他 / 她就像一个包装好的礼物盒子一样。如果做得到的话，你也试试把身体缩得这么小吧！

现在你可以看着妈妈肚子形状的变化。也许你们想用软尺量一量妈妈的肚子有多大？两周以后再量一次，你们会发现，妈妈的肚子变得更大了，宝宝也长大了。

你可以把腹围的测量结果记录在这里：

日期：＿＿＿＿＿＿＿＿＿＿＿＿＿＿＿＿

妈妈的腹围：＿＿＿＿＿ cm　　　你的腹围：＿＿＿＿＿＿＿ cm

日期：＿＿＿＿＿＿＿＿＿＿＿＿＿＿＿＿

妈妈的腹围：＿＿＿＿＿ cm　　　你的腹围：＿＿＿＿＿＿＿ cm

日期：＿＿＿＿＿＿＿＿＿＿＿＿＿＿＿＿

妈妈的腹围：＿＿＿＿＿ cm　　　你的腹围：＿＿＿＿＿＿＿ cm

因为妈妈的肚子越来越大，所以妈妈肚子上的皮肤也会抻得厉害。你可以帮妈妈给她的肚子涂油，滋润一下那里的皮肤，防止它们干裂。而且你的小弟弟／小妹妹可以感觉到你轻柔的抚触，他／她会很高兴的。说不定你也想让妈妈或者爸爸给你按摩一下小肚子呢。

你发现了吗？现在妈妈走路的姿势很有意思，看起来有点像摇摇摆摆的鸭妈妈。妈妈这么走路是因为，宝宝身体的重量改变了妈妈身体的重心。而且你的小弟弟／小妹妹的头可能已经进入了妈妈骨盆的深处了。这也会影响妈妈的行动和走姿。你们可以一起学一学鸭妈妈和小鸭子走路。这样你们就成了小鸭子一家了！肯定很好玩！

　　鸭妈妈走不了太快，是不是？现在你的妈妈可能也走不了太快。想象一下，你在衣服下面揣了一个大西瓜快快地走，那你肯定会上气不接下气了，是不是？你和妈妈一起走的时候，动作要慢一点。这样妈妈就不至于太累。你们还可以时不时停下来，让妈妈休息一下。

第 36 封信

你的身体如何帮助你保持健康

为了让宝宝出生以后尽可能免于呼吸道感染、肠胃疾病和病毒性疾病的侵扰，整个孕期里，你都会给宝宝输送抗体。抗体会通过你的血液循环进入胎盘，进而被输送到宝宝体内。而且宝宝自身的免疫系统也已经开始发育了，是不是很不可思议？大自然自有安排，所以你大可以放心，宝宝会得到保护的。如果生产以后你想进行母乳喂养，母乳又给宝宝提供了一道抗体保护。

亲爱的哥哥／亲爱的姐姐：

你肯定得过感冒，咳嗽过，发过烧，是不是？可是为什么人有时候会全身不舒服、没力气呢？你一定要知道，我们周围有好多会让我们不舒服的微生物。它们会从外面攻击我们的身体，一旦找到机会进入了我们的身体，它们就会让我们生病。这些致病体叫做"病菌"。

在妈妈的肚子里，我压根儿不会碰上病菌和其他致病体。我会被保护得严严实实的，因为妈妈在怀孕期间不仅会用脐带给我输送宝贵的营养，还会送来抗体。抗体就是一些小小的细胞，它们会在我出生以后和病菌作战，保护着我，让我不生病。

是不是很有意思？等我来了，咱们可以一起进一步研究一下这个问题。

到时候见，从妈妈肚子里向你致以最亲切的问候！

你的小弟弟 / 小妹妹

● 你肯定已经知道了，如果妈妈愿意而且条件允许的话，她会给你刚出生的小弟弟 / 小妹妹喂奶。宝宝会从妈妈的乳房上喝奶。神奇的是，妈妈的奶不仅能让小宝宝解渴，还能让他 / 她吃得饱饱的。妈妈的乳汁含有抗体，可以保护小宝宝不受周围病菌的侵害。这些小小的抗体可以针对我们周围的致病体随机应变，和它们作斗争。宝宝对病菌的抵抗力会越来越强，所以你用不着担心他 / 她生病。

● 你的身体抗击的病菌到底是什么呢？它们通常是细菌，一种用显微镜才能看见的微生物。它们的形状和大小各不相同，不过都有一个共同点：它们的数量会快速增长。它们会每二十分钟分

裂一次，而且如果条件适宜，它们会一直、一直这样分裂下去。它们会在我们的身体里释放毒素，这些毒素会让我们生病。

能让我们生病的不只有细菌，还有病毒。病毒比细菌还要小很多很多，但是病毒也有许多不同的种类。它们会在我们身体的细胞内部繁殖，会损伤并破坏细胞。接下来它们又会去攻击其他细胞。是不是很可恶？

然而你的身体是一台奇妙的机器，它不会容忍邪恶的病菌胡作非为。你有一套优良的防身装备：你的鼻子里长着纤细的鼻毛，它们会为你过滤吸入的空气。很多致病体就这样被鼻毛过滤掉了，根本没有机会进入你的身体。

一旦还是有致病体潜入了身体，一支免疫细胞组成的军队会向它发起进攻，将它摧毁。例如白细胞会对抗病毒、细菌之类的入侵者。白细胞可以生产攻击病菌的抗体。

你的身体还会分泌化解细菌毒性的解毒剂。想象一下，你的身体里甚至还有维护健康的吞噬细胞。它们会把病菌吞掉，名副其实。

还有很重要的一点。你的身体里有一些记忆细胞。它们会记住入侵者的样子。下次再有同样的病菌攻击你的身体，它们就能够迅速开始反抗，立刻投入战斗。

这些细胞都属于你的免疫系统。免疫系统就是身体的防御部

队。你的小弟弟 / 小妹妹在妈妈的肚子里正忙着建设这支部队呢。等宝宝出生的时候，它已经训练有素了！

你知道吗？我们身体里有些细菌是有益的细菌，不是所有细菌都会让人生病。有些细菌对我们来说甚至特别、特别重要，没有它们我们都活不了。你想到有什么细菌是这样的吗？小提示：它们是在皮肤上，还是在肠道里呢？

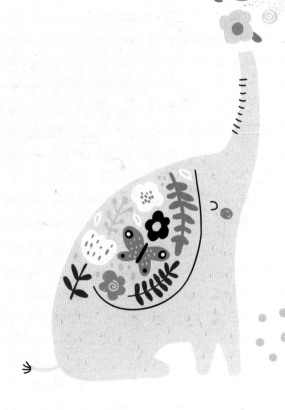

第 37 封信

争吵与和好

我们人类有追求和谐的天性。应对争吵与冲突，对我们来说可能是一项巨大的挑战。争吵正是家庭生活的一部分，也不一定是件坏事。也许你们全家人可以一起制定一套家庭吵架守则。守则内容可以包括：要认真倾听每个家庭成员的诉求，不许说脏话，要接受对方的道歉。在一个新的家庭成员即将到来之际，建立吵架规则，把争吵视为深度沟通的机遇，是很重要的。

亲爱的哥哥／亲爱的姐姐：

想想吧，现在离我出生的日子不远了。我正在想象着咱们会在一起做哪些事呢。我们可以一起玩，一起做鬼脸，互相亲亲脸蛋，叽叽喳喳地聊天，还可以一起探索全世界。

我们两个肯定也会吵架的。一开始可能还不怎么吵。可是等我再长大一点，学了很多东西以后，我可能也会想玩你正在玩的玩具。不过这也没什么。关键是咱们要一起找到解决办法。你觉得我们可以怎么解决这个问题？

我有个主意，咱们可以交换玩具玩。或者我们可以发明一个新游戏，让我们两个人可以同时玩那个玩具。

不管发生什么，吵架最要紧的是，最后要和好。而且不管我们吵得有多厉害，我都会爱你，支持你。

妈妈和爸爸也是这样。他们两个也会永远爱我们的。他们爱你，也爱我，爱得一样多！

从妈妈的肚子里向你致以亲切的问候，我已经等不及要认识你了。

你的小弟弟 / 小妹妹

试着和妈妈或者爸爸一起模拟一场争吵吧。假设你们都想吃同一块蛋糕，因为那块蛋糕最大，而且上面的巧克力碎最多。或者你们要出去玩，但是每个人都想去不同的地方：你想去游乐场，妈妈想骑自行车郊游，爸爸想去博物馆。你们谈论这个话题的时候会怎么样？有可能会吵起来？你有什么感受？怎么才能让你们重新和好呢？

你和你的小弟弟 / 小妹妹肯定很快就会发现，你们之间有很多共同点。你们可能长得很像，比方说，头发或者眼睛的颜色是一样的，或者都有雀斑。不过你们两个也会有很多不同点。

每个人都有自己的特点。有的小朋友个子高，有的个子小；有的胖胖的，有的瘦瘦的；有的喜欢做手工，有的喜欢运动；有的爱唱歌，有的不爱唱歌……人和人之间的差别有千千万万种。

要是让一个小朋友去做他 / 她不想做的事情，他 / 她就会不高兴。好好想一想，你可能也有过类似的体会。比如妈妈想让你收拾一下自己的房间，但是你正在专心致志地看书呢。那你就根本没工夫去收拾。你们期待对方在同一个时间点做完全不同的两件事，最后可能就会吵架。

　　人和人之间产生误解的时候，往往也会发生争吵。又或者是因为一个人无论如何都想要得到一件自己此时此刻得不到的东西。还有的时候人们吵架只是因为无聊。你和你的朋友肯定也遇到过这样的情况。吵到后来，谁都记不得是为什么吵架了。

　　吵架是正常现象。妈妈和爸爸也可能会吵架。大多数情况下，他俩吵架都和你没有关系，也不是说爸爸妈妈吵架就是不爱对方、不和对方好了。有时候他们只是意见不同而已，人和人之间需要交流不同的意见。交流的时候，有的人可能会生气，甚至暴跳如雷。一时间场面可能会相当激烈，吵架的人都提高了嗓门儿。重要的是，大家要一起想出每个人都能接受的解决方案。大多数时候我们都可以做到这一点的。

第 38 封信

我要来啦!

你知道吗？你的下颚和骨盆的联系，遥远而紧密。如果你在分娩中牙关紧咬，那么你的骨盆也会同时闭合。为了让你的宝宝可以顺利地来到这个世界，你可以有意识地放松下颚，喊出"呀"的音（德语中表示"是，对，好"的单词"Ja"发音为"呀"。——译者注）。这样做能在生产过程中给你带来正面的情绪。同时长音"啊"可以让你的下颚放松，从而使盆底肌也自然而然地放松下来。呼吸和发声可能成为重要的支柱。你可以和大宝一起练习一下。

亲爱的哥哥 / 亲爱的姐姐:

　　想想吧，其实现在我已经可以出生了。我的心脏在跳动，我的肺已经发育成熟，我听得见，看得见，而且已经长得很大、很大了。

　　不过我接下来在妈妈肚子里度过的每一天都没有白过，因为我在妈妈肚子里的最后两周里还要长大不少。尽管我盼着和你见面，但我还是想在妈妈肚子里再多待一会儿。

　　我享受着在这里的最后时光。不过现在我没什么地方练体操了，所以我变得安静了些。但是我时时做梦，常常睡觉，正在为出生积攒力气呢。

　　从妈妈的肚子里向你致以亲切的问候!

你的小弟弟 / 小妹妹

● 也许可以让妈妈讲一讲你出生时候的情形。比如你可以问问妈妈，她生你生了多久。大部分宝宝出生的时候都是脑袋最先出来。你也是这样吗？说不定妈妈还会给你看你人生的第一张照片呢。是啊，你以前也是这么小小一个。想不想把照片贴在这里？等你的小弟弟／小妹妹出生了，你们可以把他／她的照片也贴在这儿。

● 你有没有问过，妈妈怎么知道你的小弟弟／小妹妹想从她的肚子里出来了？小弟弟／小妹妹出生的那一天，妈妈的身体是会发信号的。或许妈妈已经开始常常倾听自己的身体，想知道宝宝是不是要来了呢。她在等信号。宝宝要出来的时候，妈妈的肚子会有规律地收缩。这时候子宫的肌肉开始运作了。这时候你可以把双手放在妈妈的肚皮上，那么你就会摸到妈妈的肚子变得硬邦邦的。

要知道，妈妈生宝宝的时候，宝宝和妈妈得相互配合。所以生宝宝的过程一般都不会太快。妈妈可能要生好几个小时，你的小弟弟／小妹妹才总算来到这个世界。因为从子宫到外面的路又长又曲折。宝宝的头必须一会儿向这边顶，一会儿向那边顶，才能通过产道。

在一些特殊情况下，妈妈生得很辛苦，宝宝也很辛苦。这时候调整呼吸对妈妈会有很大的帮助。

你可以和妈妈一起提前练习深长地呼吸，这样等到妈妈生宝宝的那天，你就知道该怎么做了。那时候妈妈可能会发出一些奇怪的，甚至还有些好笑的声音。你们可以一起学学鲸鱼叫，或者大熊的低沉吼声。这样你们就可以演练一下生宝宝那天的场景，肯定很好玩儿。

到时候妈妈也许还会摆出一些相当狂野的姿势。你们可以一起手脚并用趴在地上或者做深蹲。你会做这些动作吗？有没有感觉很舒服？调整呼吸、发声和变换姿势都能帮助妈妈的身体和子宫更好地运作。这样宝宝在出生的时候也能轻松一些、舒服一些。

妈妈还可以摆出有趣的"北极熊式"。你也来试一试吧。双手放在地面上，然后屁股向上顶。现在你可以想象自己是一只在冰上滑行的北极熊啦。

如果爸爸或者别的什么人能够全程陪着妈妈生产就好了。这样就有人在旁边支持她，还要有助产士。想象一下，助产士可是最古老的职业，因为从古到今一直都有宝宝出生。助产士会协助妈妈，还会检查你的小弟弟／小妹妹是否健康。举个例子，他们会定时听小宝宝的心跳声，以此判断宝宝的状况。

宝宝出生之前，妈妈的阴道会扩张，这样它就能容得下宝宝的小身体了。可能我们最先看见的会是宝宝的脑袋。啊，真是激动人心的时刻啊！

第 39 封信

我出生以后……

人类的婴儿表现出了极强的依恋行为，好在如今心理学已经建立起一套关于依恋行为的理论。对你的宝宝来说，依恋行为是生存的保障：如果作为母亲的你对宝宝产生了情感上的依恋，那么你就会倾尽全力地保护他／她。发自内心的身体接触极其美妙和珍贵，其中包括亲密的皮肤接触。只要你觉得自己想宝宝了，想抚摸他／她，想闻闻他／她，或者想和宝宝亲密接触，就直接去做吧。去做你觉得对的事情，因为你知道宝宝需要什么！你抱小宝的时候还可以同时把大宝也搂进怀里。

亲爱的哥哥／亲爱的姐姐：

现在我们真的离见面不远了。不过我来到这个世界以后，会怎么样呢？

问问妈妈，她第一次把你抱在怀里的时候是什么感觉？这一刻很难用语言形容，因为很多爸爸妈妈都说，这是他们人生里最美好的时刻。

出生后的几个小时里，我会清醒得很。哦，终于可以看到妈妈和爸爸了，他们第一次抚摸我的时候，第一次朝我笑的时候，第一次叫我的名字的时候，该有多么好啊。那时候我也用不上很多东西，因为我最喜欢做的事就是赤条条地躺在妈妈身边。靠在妈妈身边多暖和啊，而且我还能闻到妈妈身上熟悉的味道。我在这里就觉得又舒服又安心。

不过我还想要做一件事，那就是马上认识你。到时候你可以抱着我，看着我，我也能望着你。一想到这个我就很激动，现在我就已经很喜欢你了，我都等不及要到你的世界来了。

到时候见，从妈妈的肚子里给你一个吻。

你的小弟弟 / 小妹妹

另：我出生以后很长一段时间里都需要妈妈和爸爸的照顾，而长颈鹿的宝宝一生下来就强壮到可以自己走路了。就算它们才出生几个小时，就可以跟着爸爸妈妈一起走了。这还不止呢，它们还马上就能学会什么能吃，什么不能吃。小长颈鹿很快就能自己照顾自己了，我却还要好长一段时间以后才能自己走路和吃饭呢。是不是很惊人？

对于刚出生的宝宝来说，一切都是新的，一开始宝宝可能完全不知道自己一下子到了一个什么地方。之前在妈妈肚子里的时候，周围都是暖暖的、软软的、舒舒服服的，光线也是昏暗柔和的。现在周围突然亮了起来，也没那么暖和了。你的小弟弟 / 小妹妹耳朵里的声音一下子变大了，也变得更清楚了。这些变化当然激动人心，但是一时也让人难以承受。所以刚出生的宝宝其实只想做一件事，那就是钻进妈妈怀里。宝宝当然也有权利这样做啦。

过了一会儿以后，就要给宝宝做检查了。他 / 她能不能正常呼吸呀？是不是健康呀？有多高？有多重？所有这些都会记录在一个小本子上，之后爸爸妈妈会把这个小本子带回家。你也可以问问妈妈你的小本子在哪里。这样你就可以仔细看一看了。

你的小弟弟/小妹妹出生以后，要经历好多"人生第一次"。他/她一生下来就要吸入人生的第一口空气，因为从这一刻开始，他/她就可以不再依赖妈妈，而是独立地呼吸了。你要想象一下，宝宝的小肺里有很多、很多的肺泡第一次张开。这是有力而美妙的瞬间，就好像你把气球吹起来的那一刻一样。要把气球吹起来，也需要一些力气吧？不过只要宝宝成功吸入了第一口气，呼吸对他/她来说就不再是件难事了，就像你呼吸那么简单。

再想象一下，你的小弟弟/小妹妹出生以后立马就可以试一试自己的嗓子，这也是他/她人生第一次发出声音。他/她一定会使劲儿地叫喊，就是要听听自己的小嗓音怎么样。宝宝的叫声可大着呢！真棒呀！

这时候脐带仍然把宝宝和妈妈子宫里的胎盘连在一起，不过宝宝已经不需要它了。很快，妈妈、爸爸或者助产士就可以剪断脐带了。剪断脐带一点儿也不可怕，也不疼。不过脐带的一小截还保留

在宝宝身上，几天以后就会自动脱落。脱落的脐带下面会留下一个小窝窝。你还记得吗？这就是肚脐眼儿啊。

宝宝是从哪儿来的？你已经知道很多了。以前大人们解释宝宝是怎么来的时候，会有点尴尬。所以他们就编了个故事。小孩子们会常常听说，宝宝是被鹳鸟叼来的（在德国民间传说里，是鹳鸟给爸爸妈妈叼来了裹在包袱里的孩子。——译者注）。可是为什么叼来宝宝的偏偏是鹳鸟呢？因为它的体型足够大，能够叼得动小宝宝，而且人们常常在水边看见它。大人们想出这个故事的时候，水被视作生命起源的象征。这么想也没错，因为最初的生命生活在水里。而且鹳鸟在德语里还有一个好玩儿的别名，人们叫它"Adebar"。"Auda"是古德语，意思是幸运，而最后一个音节"bar"的意思是携带。人们把鹳鸟视为带来幸运的鸟儿。家中多了一个宝宝，也是一件非常幸运的事。所以直到今天，人们都说鹳鸟带来了宝宝。你是不是想要亲手做一只嘴里叼着包袱，包袱里装着宝宝的鹳鸟呢？宝宝出生以后，你们可以把鹳鸟挂在窗前，这样大家就都知道你们家有喜事，有可爱的小宝宝出生了！

第 40 封信

你好呀世界，我来啦！

不可思议的奇迹发生了！孩子生下来了，你把宝宝带到了这个世界。你第一次把他/她抱在怀里。你可以看着他/她，爱抚他/她，闻着他/她身上独特的气息。你们做到了。你应该感到自豪。

很多事情都发生了翻天覆地的变化。一切都变得不同了，世界也好像静止了。无论即将面对什么样的挑战，你都能挺过去。你是一个绝佳的母亲，全天下只有你才是你孩子妈妈的合适人选。

你是孩子的根，还送给他/她一双翅膀。你给予他们温暖、信任和爱。也许你的心中充满了谦卑与感恩之情。你可以给自己一点时间，好好消化和接受这些情绪。你们是一个独一无二的宝藏家庭！

亲爱的哥哥 / 亲爱的姐姐：

我在之前的信里聊了很多自己来到这个世界以后要做什么的话题。现在我终于来啦，而且想要马上认识你！

也许你第一次来看我的时候，妈妈和我还在医院的产房里。因为可能我们要在那里待几天才能回家。等我们见面的时候，你肯定想要抱着我，看着我，轻轻地抚摸我。哦，那种感觉该多好啊。我非常期待，简直等不及了！

刚出生的时候，我需要很多照顾。你当然也和我一样需要很多的爱。妈妈和爸爸也知道。所以他们会关心你想要什么。爸爸妈妈照顾我，并不意味着他们就没时间陪你了。你可不能忘了：他们很爱、很爱你。我出生以后，这一点也不会改变。他们会一直这么爱你。

还有一件事是肯定的，那就是即使咱俩有时候会吵架、打架、生对方的气，我也不会用你去交换世界上的任何东西。因为你是我的，而且永远是我的哥哥 / 姐姐呀！

紧紧地拥抱你！

你的小弟弟 / 小妹妹

另：期待着和你一起冒险！

159

● 你的小弟弟／小妹妹刚来到这个世界的时候，有很多事他／她都还不会自己做。他／她不会自己洗脸洗澡，必须有人给他／她洗澡，换尿布，穿衣服。他／她睡觉的时候也需要人陪。要是他／她饿了渴了，妈妈就要给他／她哺乳。哺乳就是让宝宝从妈妈的胸脯上吸奶喝。也许宝宝还会从奶瓶里喝奶。

　　爸爸妈妈会围着你的小弟弟／小妹妹忙上好一阵，因为他／她还很小，需要照顾。而且可能他／她晚上睡得不像你这么香。他／她肯定会因为想吃奶所以半夜醒来。妈妈白天可能会很累，想要好好休息一下。

　　你们家的这个新成员一开始还不会说话。等到他／她开口说出第一个字，还要过上好长一段时间呢。不过他／她在四周大的时候就能学会笑了。但是你的小弟弟／小妹妹表达自己需求的最佳方式还是哭。他／她哭了，可能是因为累了或者饿了，也可能是因为他／她的尿布湿透了、冷了、出汗了或者肚子疼，又或者宝宝想要有人抱他／她走来走去，还有可能是无聊了。有时候不太容易搞清楚宝宝到底是怎么了，不过你们对你的小弟弟／小妹妹会越来越了解的，到时候你也能猜得到他／她为什么不高兴了。到时候你就是爸爸妈妈的好帮手了。

　　● 现在你知道了，你的小弟弟／小妹妹还不会做哪些事，或者他／她什么时候需要照顾。但是你要知道，他／她很快就能学会很多东西，而且长得快极了。才六周大的时候，他／她就会转头了。半年以后，他／她甚至能够在趴着的时候把头抬得高高的。九个月以后，宝宝可能就会爬了。这之后不久，他／她就会站起来了。总有一天，你们两个就可以一起赛跑了。

也许你可以在自己的小弟弟/小妹妹的成长过程中帮助他/她，帮他/她适应这个世界。你可以向他/她做鬼脸，朝他/她笑，给他/她唱歌或者把你最喜欢的玩具给他/她看。这些都能帮助宝宝学得更快。妈妈和爸爸也会为你自豪的，因为你是一个非常棒的哥哥/姐姐。

最后还有一封信

耐心等待！

你的宝宝有他 / 她自己的时间表。你知道吗？只有百分之四的宝宝是在事先计算好的预产期内出生的。其他小宝宝都是在预产期之前或之后动身的。你用不着想东想西，因为过了孕 42 周以后，你的孕期才算是"超时"了。要有信心，耐心地等待。现在的状况就是一切都好。你的宝宝会在最合适的时候到来的。把上天赠予你们的宝贵时间用来积蓄精力或者和大宝一起做一些宝宝刚生下来后你们做不了的事情。

亲爱的哥哥 / 亲爱的姐姐：

你要知道，我已经等不及要见到你了。但是我又实在是很喜欢待在妈妈的肚子里。

那我们就利用现在这段时间好好想一想，我们已经一起经历了哪些事情吧。你还记得爸爸妈妈头一回告诉你，你要有小弟弟 / 小妹妹的时候是什么样的吗？也许你们在我的第1封信后面贴上了妈妈怀着我的时候拍的照片。再看一看这张照片吧。现在妈妈怀着我的肚子又是什么样子？

也许你把我的行进路线给画了下来。你还记得我在给你的第6封信里列举了哪些水果和蔬菜吗？

我以前像芝麻那么小，现在已经长得有西瓜那么大了，真是不可思议。

你有没有在第15封信后面印上自己的手指印？它们现在什么样？旁边马上就要印上我的手指印了，太好了，不是吗？我打赌，我的手指印肯定是那上面最小的一个。真好啊，你这么耐心地等着我。你等得肯定有点辛苦了吧？不过我答应你，咱俩很快就会见面的！

最后一次从妈妈的肚子里拥抱你。因为这封信真的是我从妈妈肚子里给你写的最后一封信了。下一回我们就可以真真正正地拥抱在一起了！我好期待呀！

不久之后见。

你的小弟弟／小妹妹

"看看这个花朵拼成的爱心吧，这是我在给你的第31封信里画的。那时候我就告诉你，我非常爱你，现在也一样。我盼着快点见到你。我们会一起去历险。我希望你也会喜欢我，也许你也想为我画一个爱心！妈妈可能已经把我画的爱心放进待产包里了。那样我出生的时候就会想着，我很快就可以和你见面啦，我期待着见到你，你也等待着认识我。"

163

致 谢

感恩的心是一份财富，我有意从我的人生中获取这份财富。每当我心怀感恩的时候，我的思绪总是会聚焦于生命中的美好！所以我要在这里说一声"谢谢"！

我感谢自己可以写下这本书，感谢你和你的孩子让我陪伴你们走过人生中的这一小段路！感谢一直给予我支持的朋友们！感谢我的家人们，我坚信他们永远是我的后盾。感谢我的爱人，他的爱让我不断成长。非常感谢我的三个儿子，他们是我最好的老师。是他们让我知道，我的心胸可以有多么宽广；是他们让我意识到，自己到底是谁。

谢谢，谢谢，谢谢……